Disney · PIXAR

Le Monde de Nemo

ÉDITIONS FRANCE LOISIRS

© Disney/Pixar Animation Studios, 2003.
Une Édition du Club France Loisirs, Paris, avec l'autorisation de Disney.
Éditions France Loisirs, 123, boulevard de Grenelle, Paris. www.franceloisirs.com
A collaboré à cet ouvrage : Véronique de Naurois pour le texte.

Marin, un poisson-clown, nage avec entrain le long
de la Grande Barrière de Corail. Il est ravi d'avoir choisi
ce lieu pour installer sa famille et attend avec impatience
l'éclosion des œufs et la naissance de ses enfants.
« Au moins, ici, nos petits pourront s'amuser en liberté ! »
Corail, sa compagne, est moins enthousiaste. L'endroit est
magnifique, c'est vrai, mais subitement désert !
Marin remarque à son tour qu'il n'y a plus personne.
« Où sont passés les autres habitants ? » se demande-t-il.

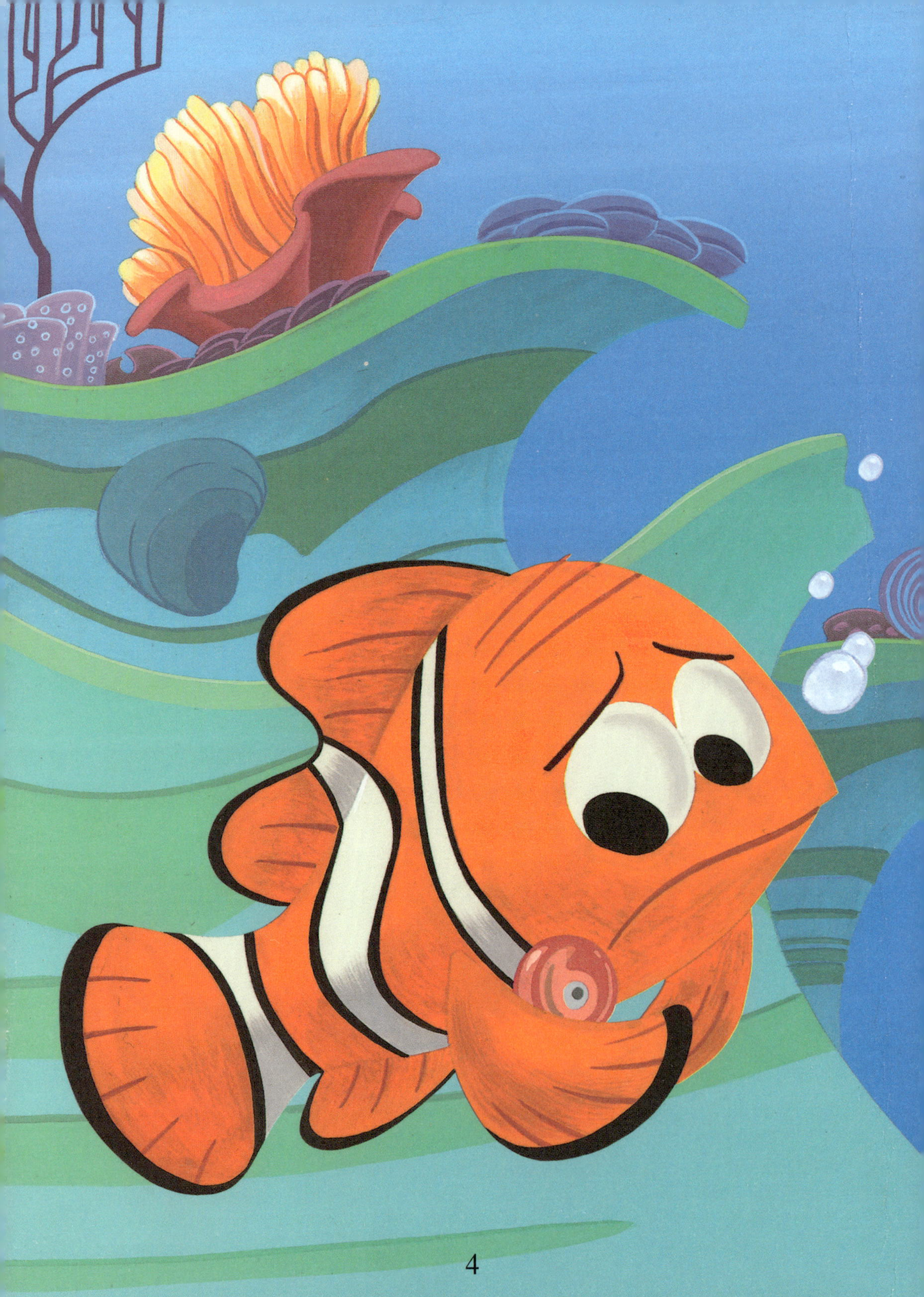

Marin voit trop tard le barracuda ! Il se précipite pour secourir Corail, mais l'immense bête argentée l'assomme d'un coup de queue. À son réveil, tout a disparu ; il ne reste plus qu'un seul œuf, enfoui dans le sable. Marin le serre entre ses nageoires.

« Là… là… tout va bien ! Papa est là, mon petit Nemo ! Je te promets qu'il ne t'arrivera plus jamais rien ! »

Nemo a grandi, il est devenu un petit poisson très vif qui, ce matin-là, tourbillonne autour de son père.
« Papa, Papa, vite, réveille-toi, c'est l'heure de partir ! »
Marin soulève ses paupières ensommeillées.
« Hein ? Quoi ? Laisse-moi encore dormir cinq minutes !
– Mais Papa, proteste Nemo, c'est mon premier jour d'école, je ne veux pas être en retard ! »

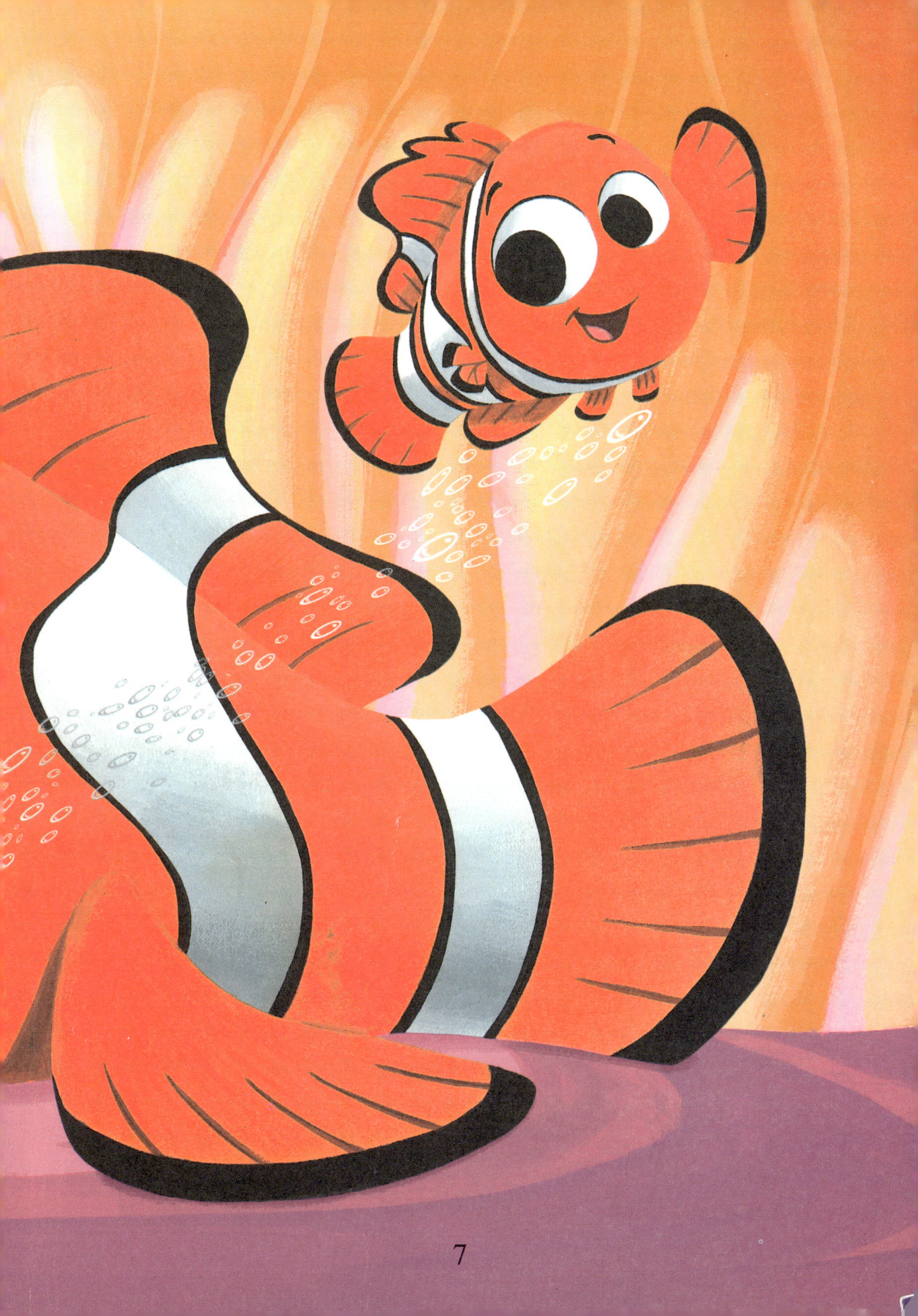

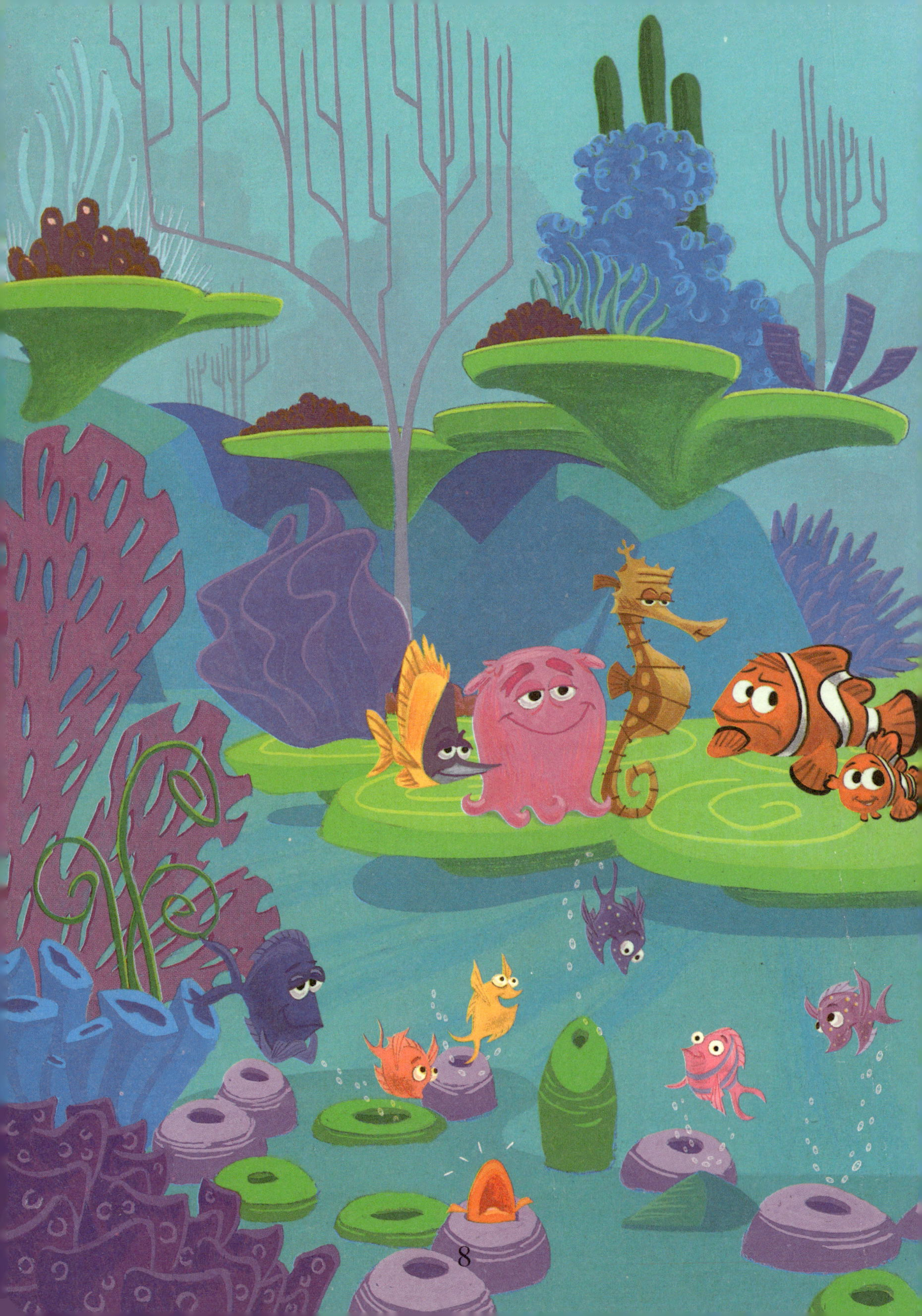

Inquiet pour son fils, Marin se joint à contrecœur
aux autres parents d'élèves. L'océan est si dangereux…
Mais Nemo se pose tant de questions sur les choses !
Il fait la connaissance de ses petits camarades et
de Monsieur Raie, le maître d'école, qui arrive en chantant.
« Ah, voilà ma classe ! s'écrie-t-il joyeusement. Allez,
les explorateurs, tous sur mon dos ! »

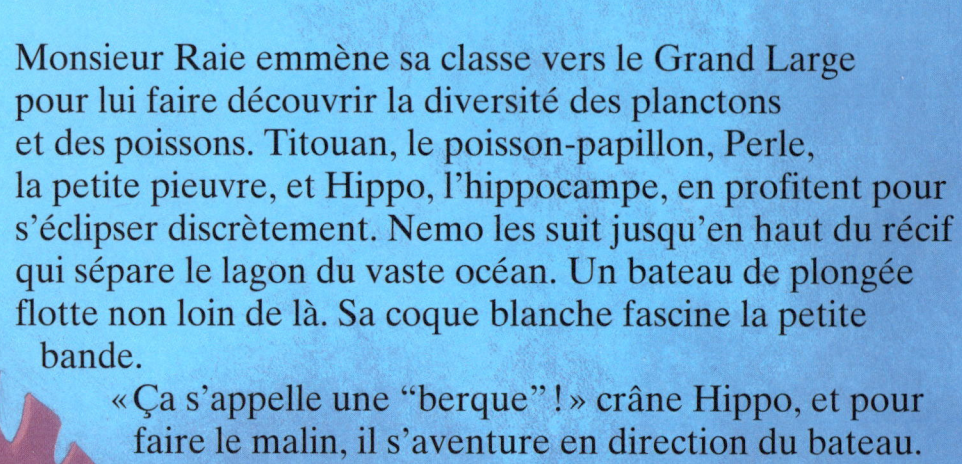

Monsieur Raie emmène sa classe vers le Grand Large pour lui faire découvrir la diversité des planctons et des poissons. Titouan, le poisson-papillon, Perle, la petite pieuvre, et Hippo, l'hippocampe, en profitent pour s'éclipser discrètement. Nemo les suit jusqu'en haut du récif qui sépare le lagon du vaste océan. Un bateau de plongée flotte non loin de là. Sa coque blanche fascine la petite bande.

« Ça s'appelle une "berque" ! » crâne Hippo, et pour faire le malin, il s'aventure en direction du bateau.

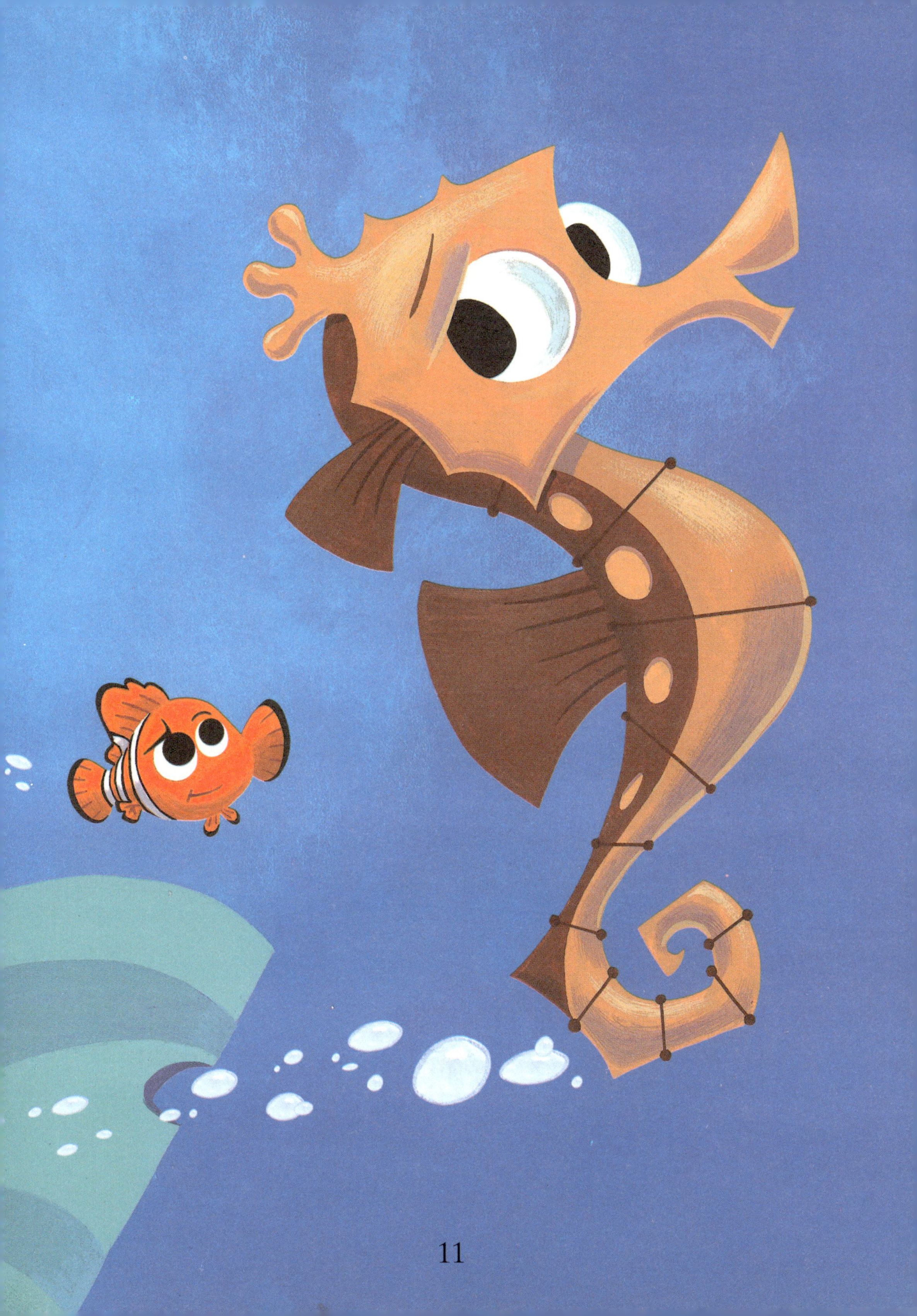

Hippo n'est pas très courageux. Il fait vite demi-tour sous les moqueries de ses camarades. Marin débouche à ce moment, furieux de voir son fils si près du Grand Large :
« Tu sais bien que tu ne dois pas t'éloigner ! lui crie-t-il. Avec ta nageoire abîmée, tu ne te déplaces pas bien ! »
Nemo est vexé. Il a honte de se faire traiter comme un bébé.
« Je te déteste ! » souffle-t-il à son père.
Et voyant que Marin discute avec Monsieur Raie, il repart imprudemment vers le bateau.

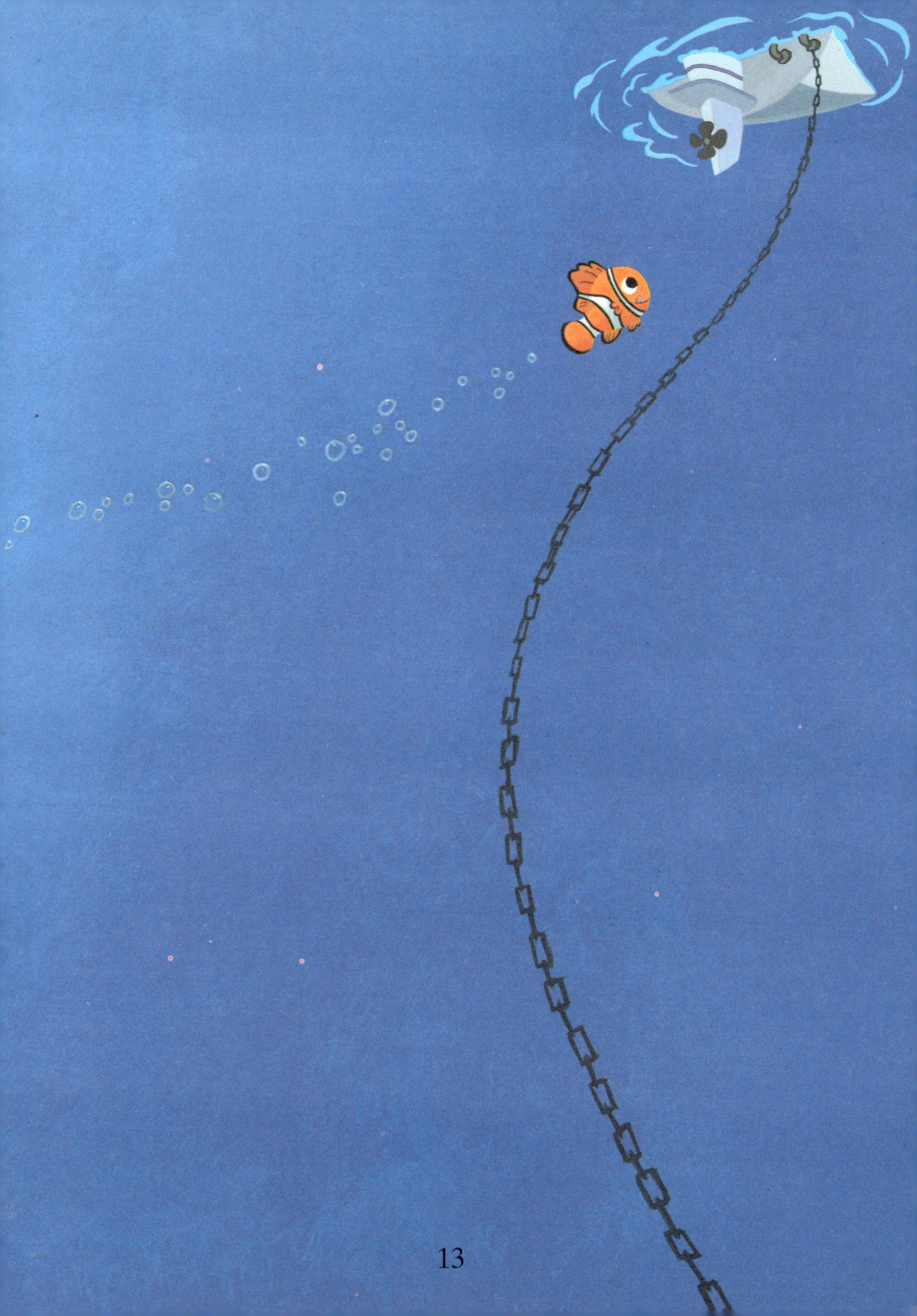

Marin ordonne à son fils de le rejoindre. Mais pour provoquer son père, Nemo frôle la coque du bateau avec sa nageoire.
« Ouaouh, il y est arrivé ! » s'extasie son copain Titouan. Nemo est si fier de l'exploit qu'il ne voit pas le plongeur surgir brusquement derrière lui.
Il est aussitôt pris dans un nuage de bulles…

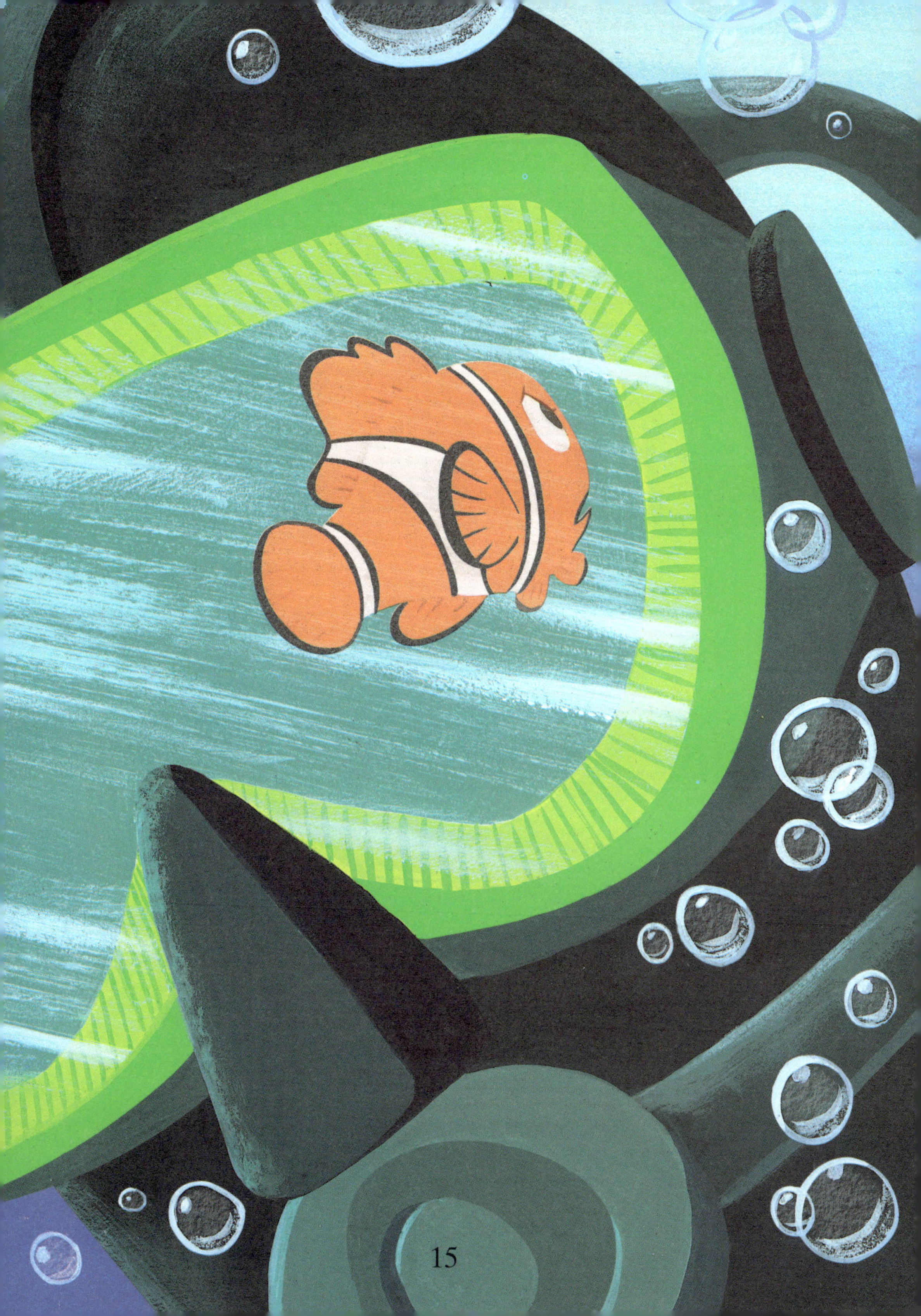

« Nemo ! Nemo ! Non ! »
Impuissant, Marin assiste à l'enlèvement de son fils.
L'homme-grenouille emporte Nemo à la surface dans
un petit sac. Marin se lance à sa poursuite quand un second
plongeur lui barre la route en l'aveuglant avec le flash
de son appareil photo. Il pousse un cri de désespoir…

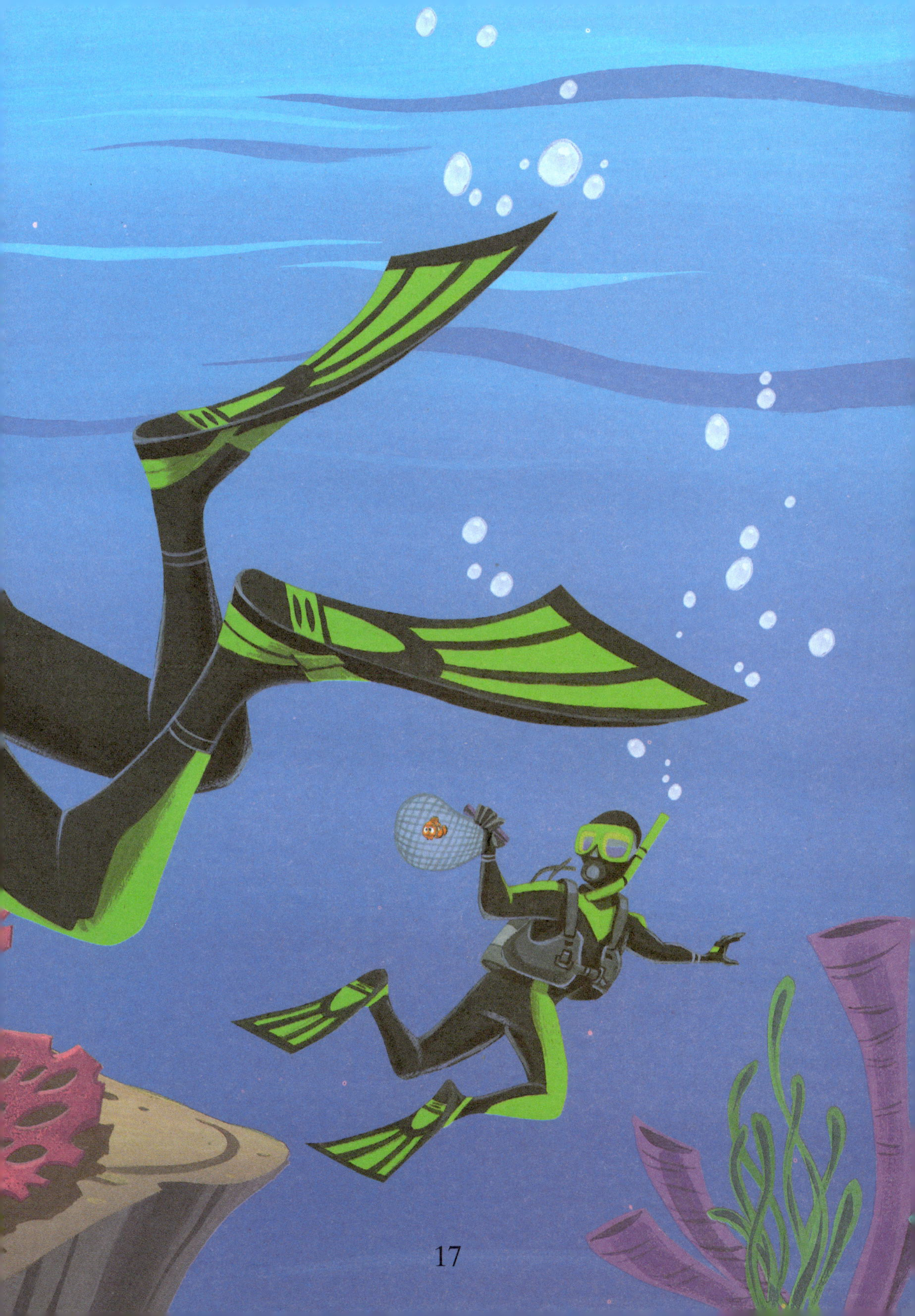

Le bateau démarre en trombe sous les yeux effarés de Marin. Le pauvre poisson-clown lutte de toutes ses forces dans les remous du moteur, mais l'embarcation s'éloigne à grande vitesse, laissant derrière elle un sillon d'écume. Tandis que sa coque rebondit sur les vagues, Marin voit le masque d'un des plongeurs passer par-dessus bord…

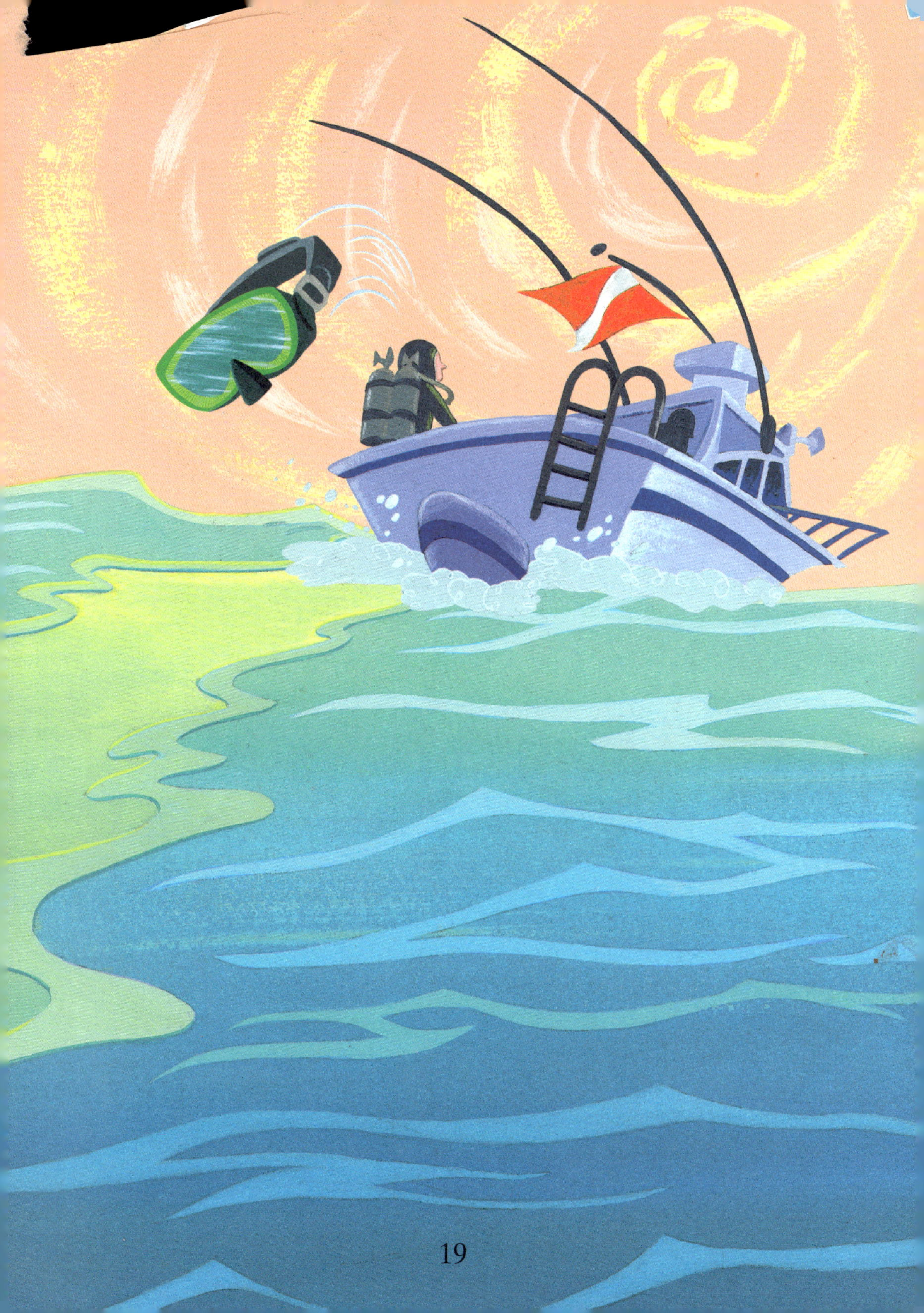

Sous le choc, Marin replonge au fond des océans. Il croise un banc de poissons qui vient du large.
« Quelqu'un a-t-il vu un bateau à coque blanche ? demande-t-il, suppliant. Des plongeurs ont capturé mon fils… »
Il se cogne dans la belle Dory aux écailles bleues et jaunes.
« Un bateau blanc, dites-vous ? Oui, j'en ai vu un ! s'écrie-t-elle. Suivez-moi ! »

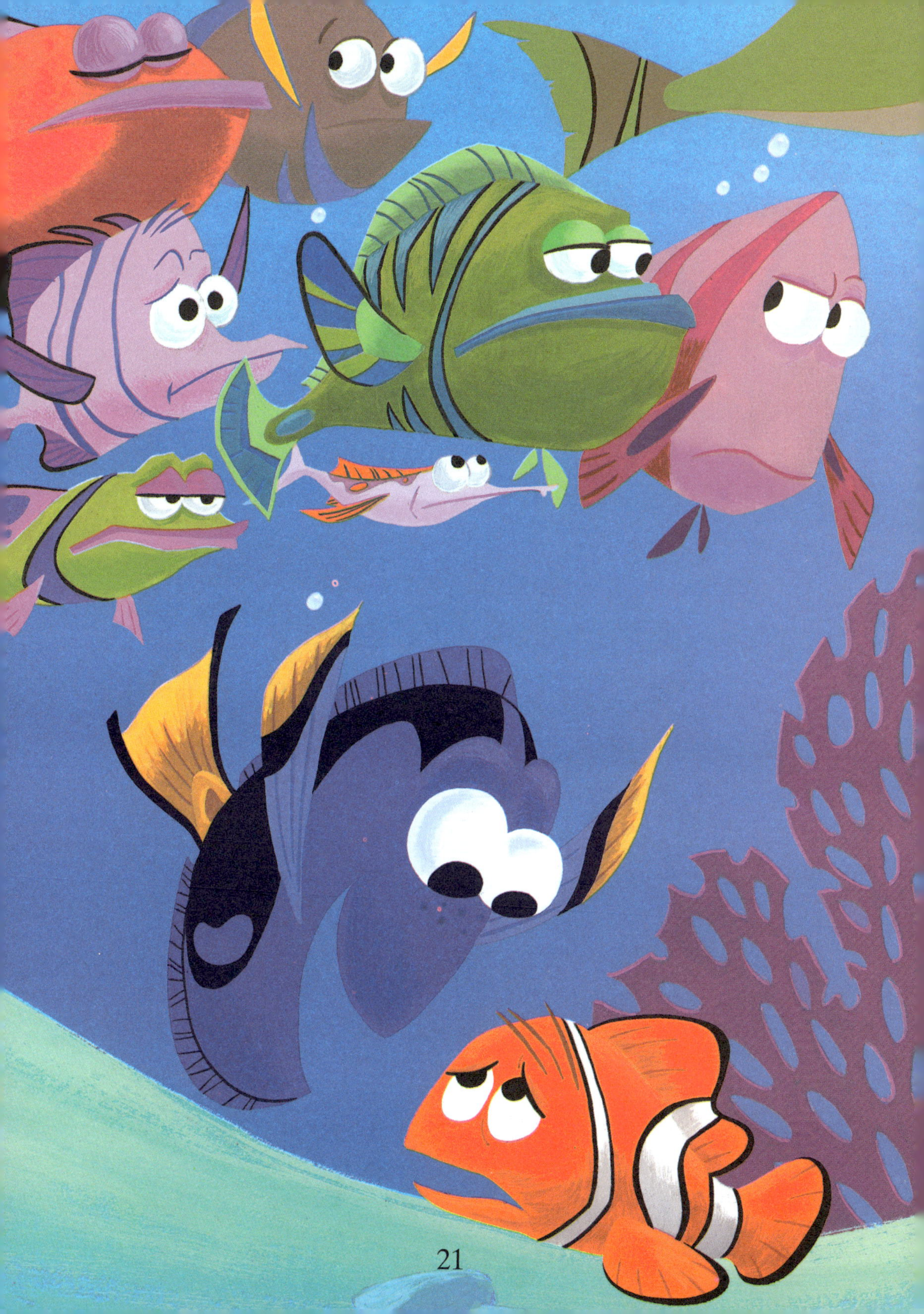

Malgré sa proposition, Dory a un drôle de comportement. Elle jette à Marin des regards méfiants et tente à plusieurs reprises de le semer. Marin finit par lui demander des explications. Dory s'excuse, embarrassée :
« Je souffre de petits trous de mémoire… J'oublie tout ce que je dis… mais ne t'inquiète pas, tu peux compter sur moi. »

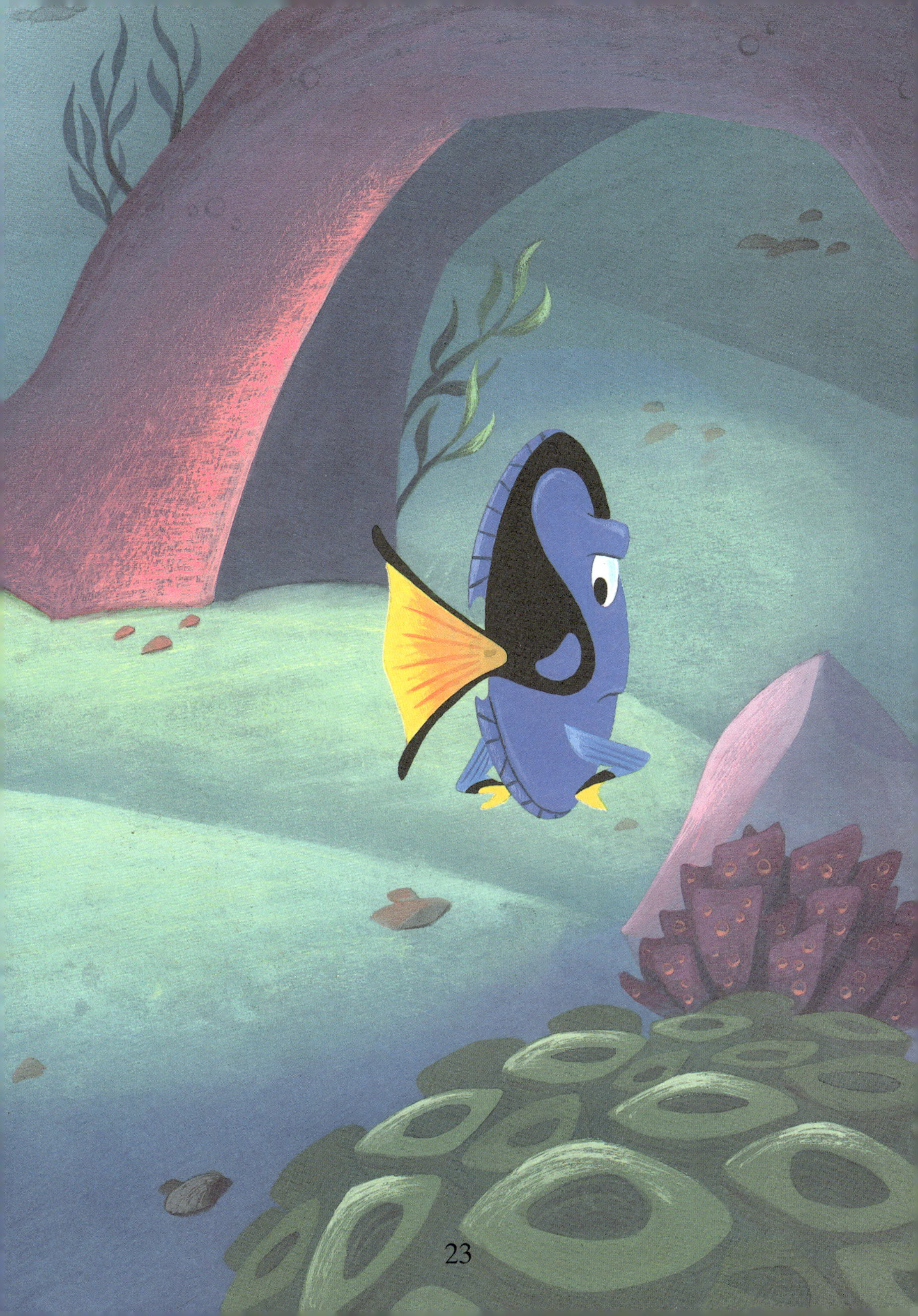

Marin n'est pas convaincu. Il craint malheureusement que Dory ne l'encombre. Il s'apprête à faire demi-tour, lorsqu'il tombe nez à nez avec un requin toutes dents dehors.
« Je me présente : Bruce… Vous tombez bien ! J'organise justement une petite soirée entre amis. »
Marin n'ose pas serrer la nageoire qu'il lui tend. Effrayé, il s'abrite derrière Dory. Mais le requin les étreint amicalement.
« Allez… venez ! J'insiste ! »

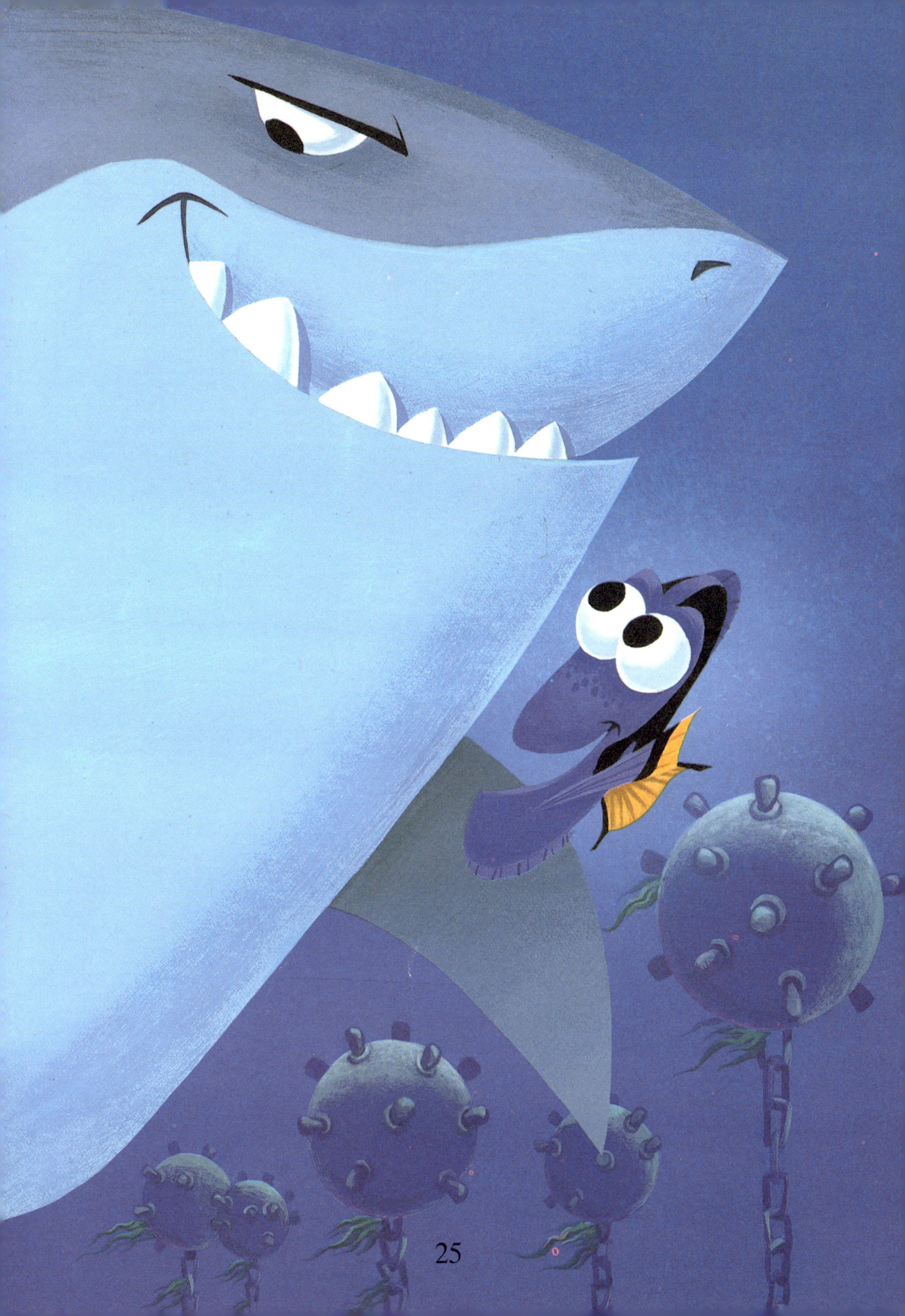

26

Bruce entraîne Marin et Dory à travers un champ de mines, puis pénètre dans l'épave d'un sous-marin où deux amis requins l'attendent. Il présente l'objet de la réunion : « Comment devenir végétarien quand on est mangeur de poisson ». Dory et Marin, qui pourtant ne mangent que du plancton, participent de bonne grâce à la conversation. Soudain, détournant les yeux, Marin aperçoit le masque du plongeur, suspendu à un bout de ferraille…

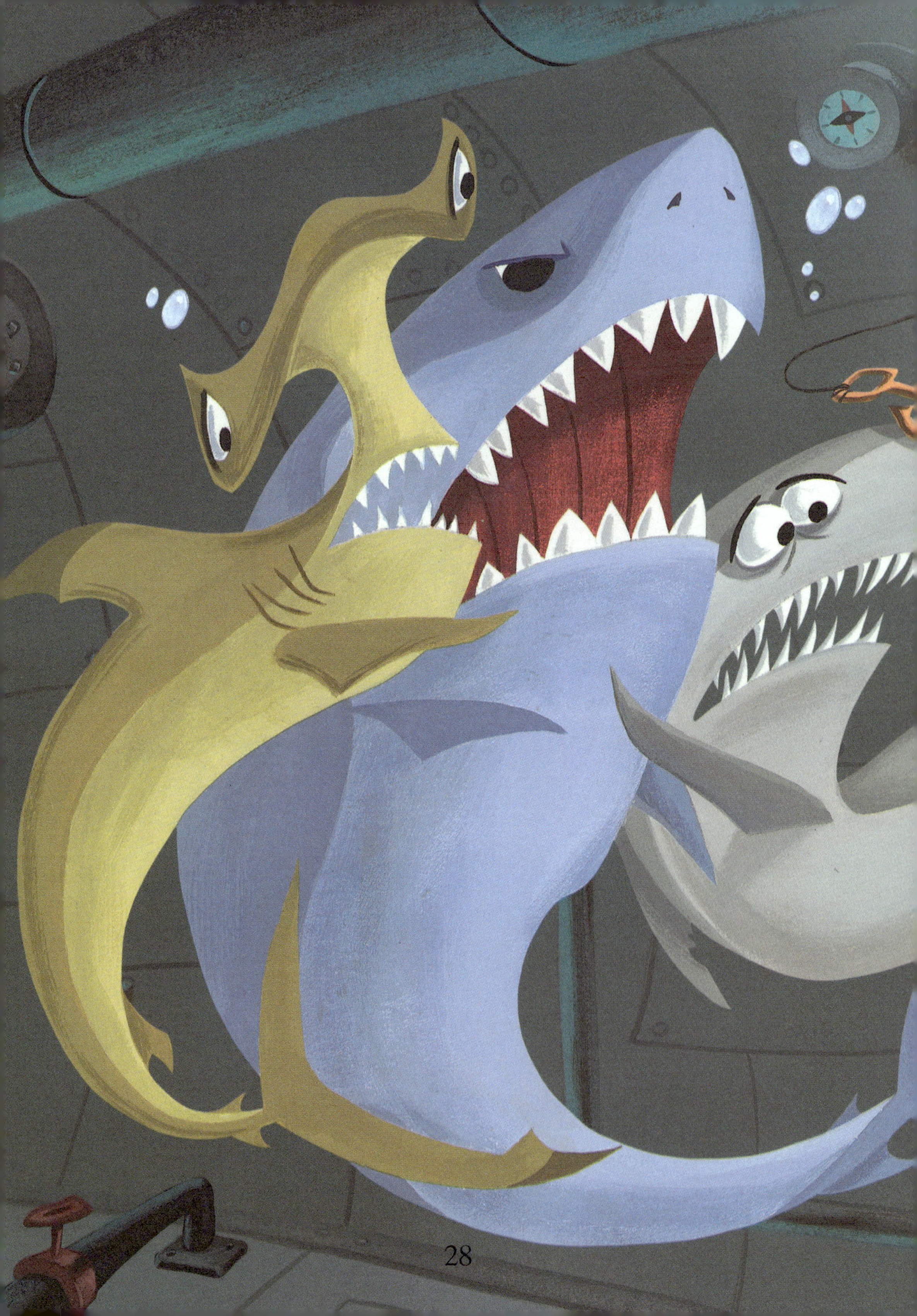

Marin s'empare de l'objet et raconte aux requins la tragique disparition de son fils. Bruce éclate en sanglots. « Moi, je n'ai jamais connu mon père ! » gémit-il. Tandis que les autres tentent de le consoler, le poisson-clown repère des inscriptions sur le masque. Dory, intriguée, essaie de lui prendre l'objet. Les deux poissons se disputent. Dans la bagarre, Dory reçoit un bon coup sur le nez et se met à saigner…

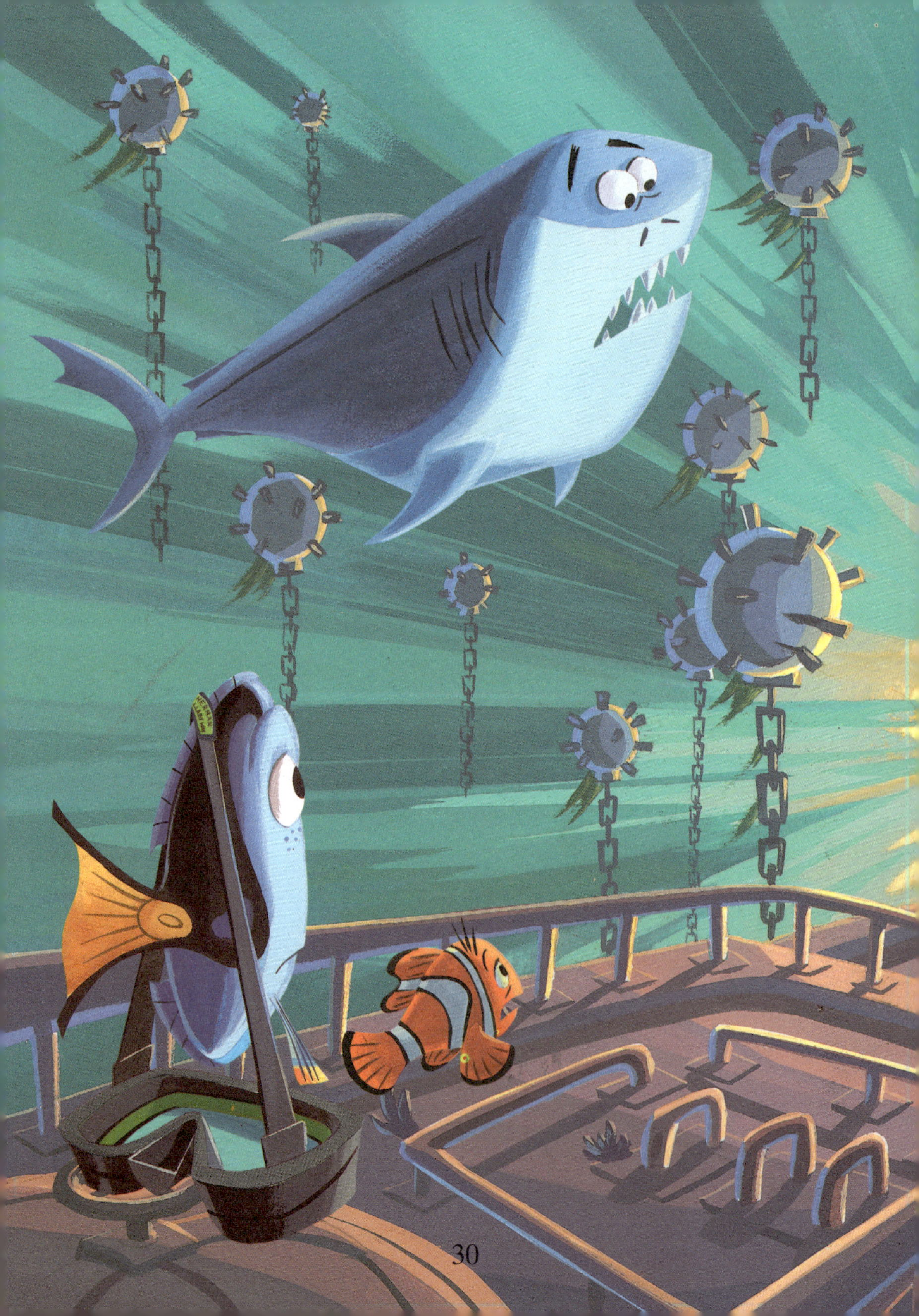

À la vue du sang, Bruce ne se contrôle plus. Il fonce sur Dory. Les deux autres squales le retiennent en lui rappelant leur nouvelle résolution : « Les poissons sont nos amis, on n'y touche plus ! » mais rien à faire. Bruce ne peut résister à l'appel de la chair fraîche. Marin et Dory s'enfuient à toute allure et enfoncent une torpille dans la gueule de Bruce. Il la recrache aussitôt et la propulse dans le champ de mines, provoquant des explosions assourdissantes !

Pendant ce temps, le petit Nemo se débat dans les feuilles d'une plante aquatique. Il finit par s'en extraire d'un coup de nageoire, mais bute bientôt contre une large paroi

transparente. Il recule, effrayé, nage dans une autre direction, et se cogne de nouveau !
Où peut-il être ?

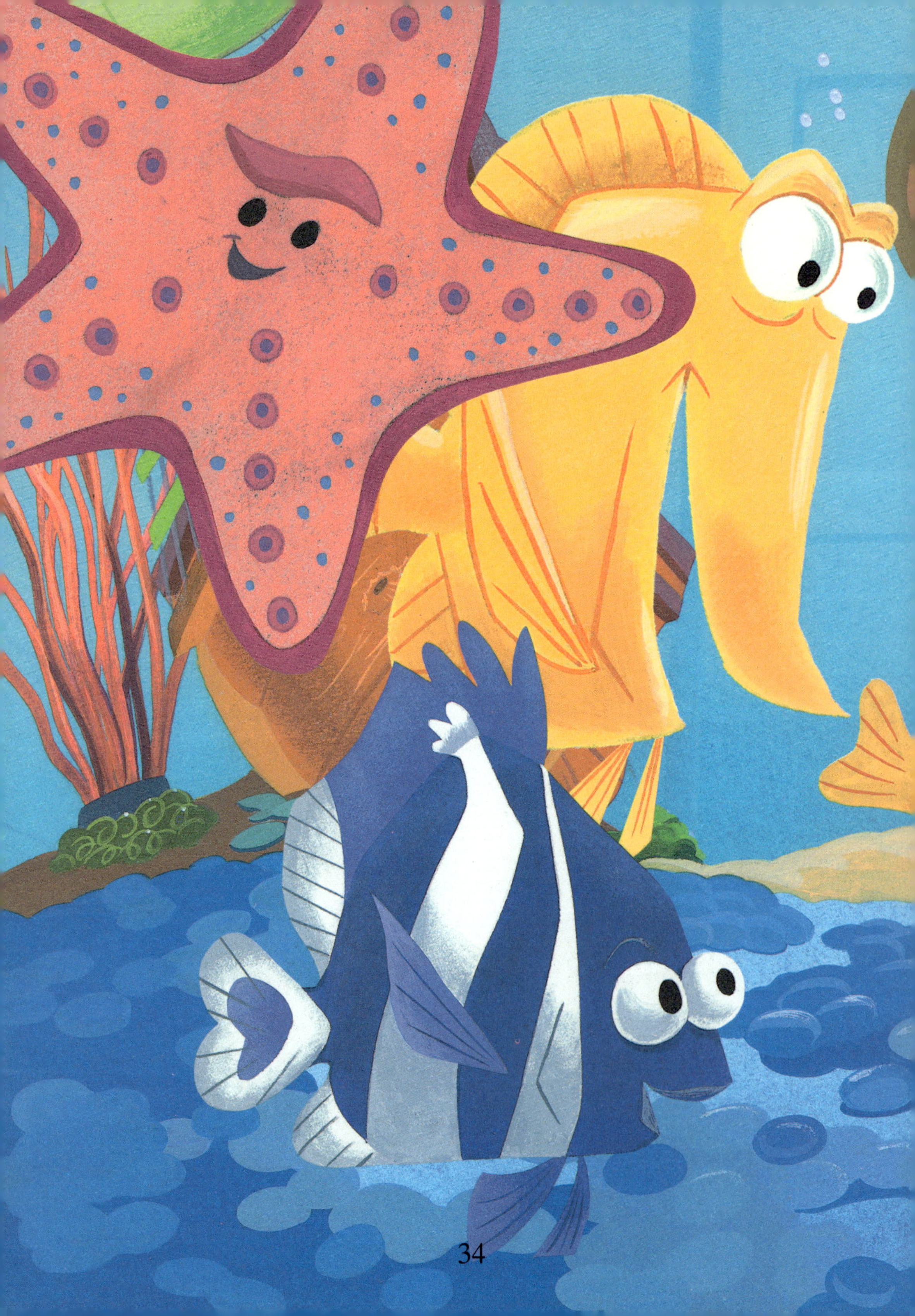

Nemo entend des chuchotements dans son dos. Des ombres se glissent près de lui.
« Où suis-je ? Qui êtes-vous ? demande-t-il, apeuré.
– Tu es prisonnier, comme nous, dans un aquarium, répond une crevette. Moi, c'est Jacques. Bienvenue parmi nous, petit.

–Tu te trouves dans l'aquarium d'un dentiste, le docteur Sherman », poursuivent ses nouveaux compagnons.
Un pélican se pose sur le rebord de la fenêtre. C'est leur ami l'Amiral :
« Il y a un nouveau, ici !
– Exact, répond Gargouille en attrapant des bulles, il a été capturé sur la Barrière de Corail ! »

Soudain, la bande retient son souffle : Nemo
vient d'être aspiré par le filtre de l'aquarium.
Affolé, il appelle à l'aide. Gill, grand poisson noir,
blanc et jaune, chef de la bande, s'approche :
« Tu peux t'en sortir tout seul ! dit-il avec fermeté.
– Je suis handicapé de la nageoire droite ! » gémit Nemo.
Gill pivote et lui présente la sienne, à moitié coupée.
Encouragé, le petit poisson parvient à se dégager.

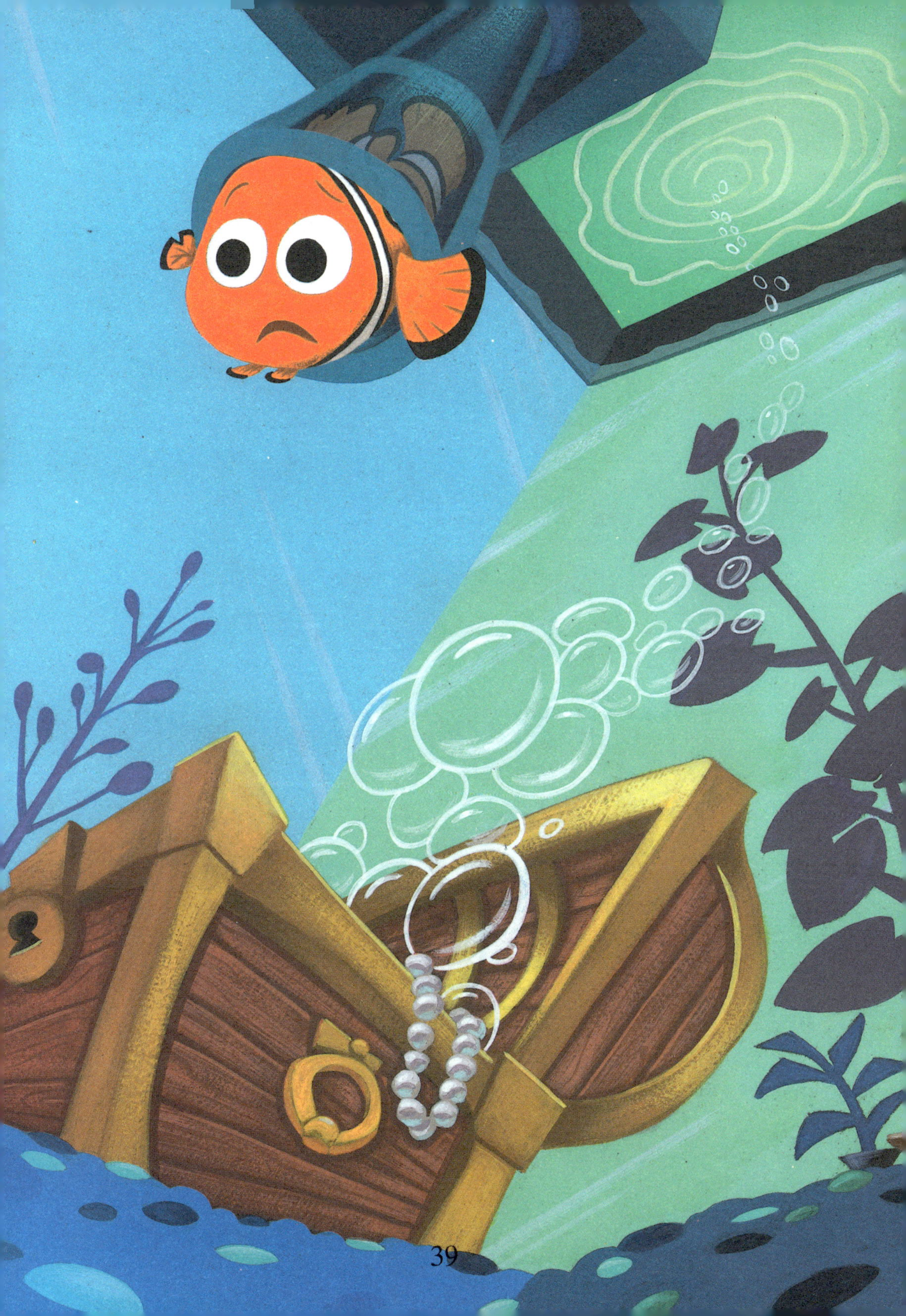

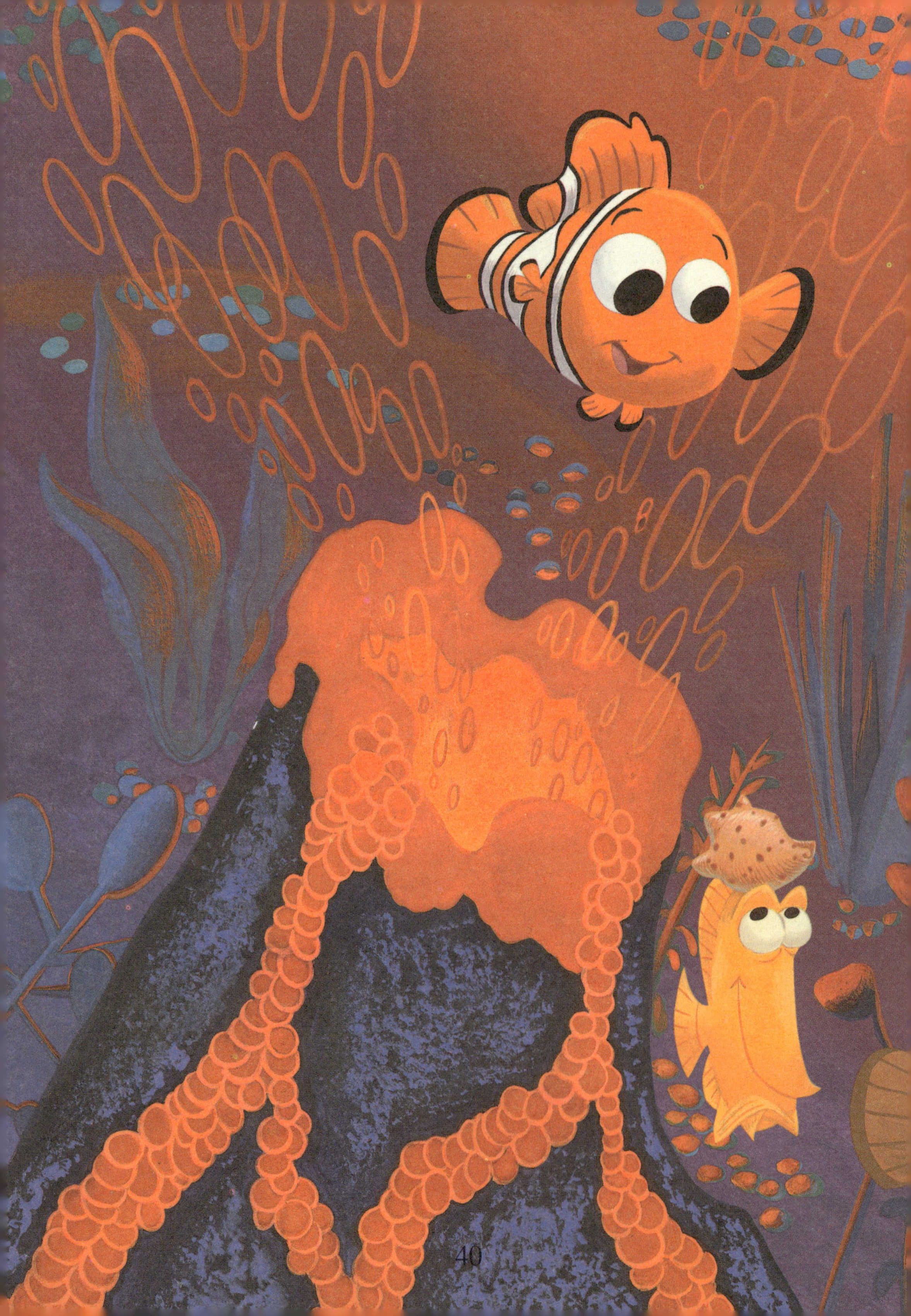

L'incident a épuisé Nemo. Pourtant, d'autres épreuves l'attendent. Il est réveillé par Jacques en pleine nuit pour une cérémonie initiatique. Gill le guette au sommet du volcan Wannahockalouguie :
« Si tu veux faire partie de la bande des Siphonnés du Bocal, tu dois franchir le Cercle de feu ! ».
Tandis que les poissons de l'aquarium entonnent une lente mélopée, Nemo ferme les yeux et traverse le mur de bulles comme une fusée…

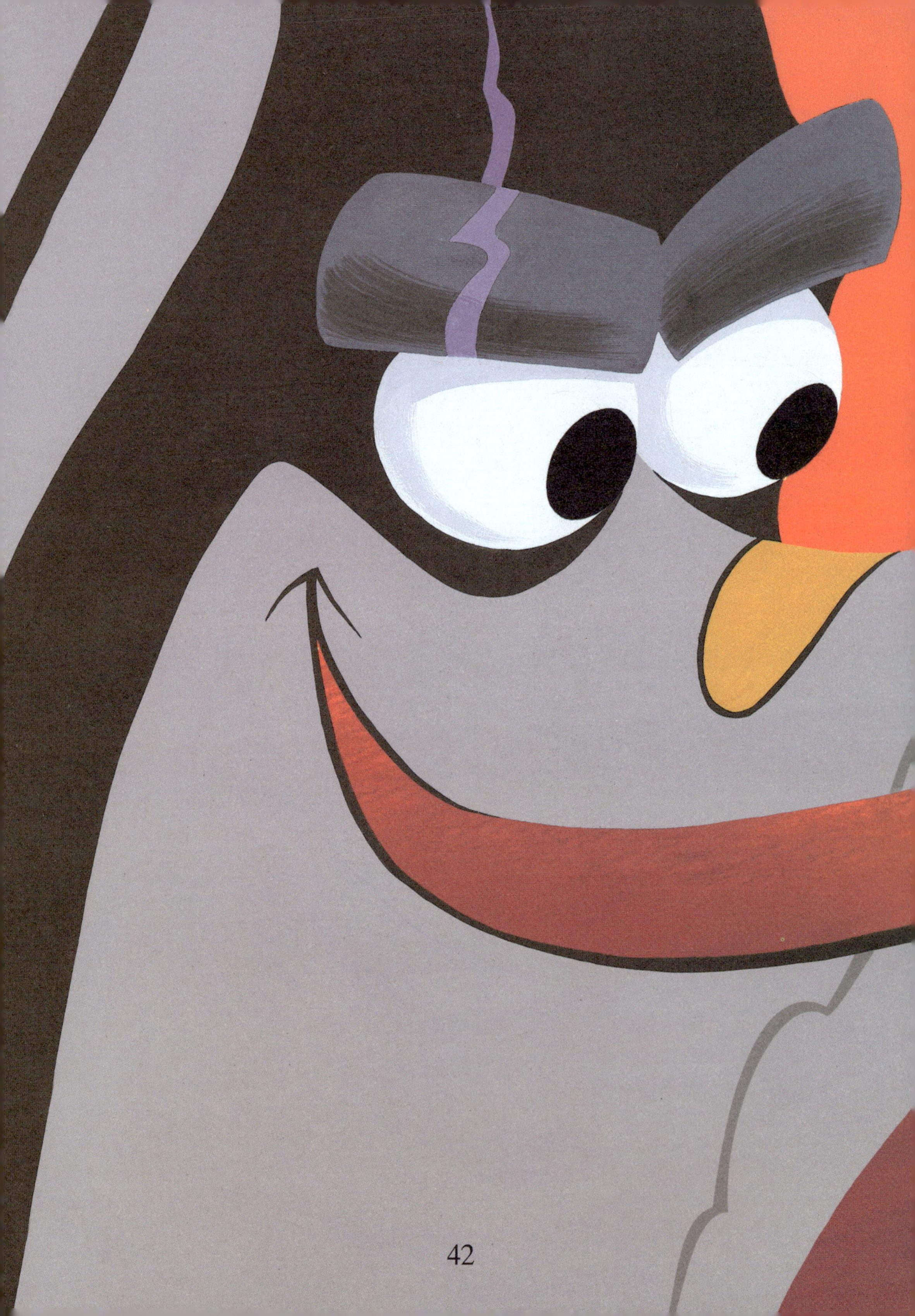

Nemo franchit l'obstacle avec succès. Dorénavant, il s'appellera Sushi. Après l'avoir félicité, Gill lui fait une terrible confidence :
« Dans deux jours, le dentiste va t'offrir en cadeau à Darla, sa nièce, pour son anniversaire. C'est une tueuse de poissons ! Il faut donc absolument mettre au point un plan d'évasion. Tu vois ce filtre ? Tu es assez petit pour passer dans le tube. Voilà comment nous allons procéder… »

Pendant ce temps, dans l'océan, Dory tente de déchiffrer les inscriptions que Marin a repérées sur le masque du plongeur. Mais celui-ci a glissé vers les bas-fonds. Dory hésite, il fait trop sombre. Son attention est attirée par une jolie boule lumineuse. Mais, horreur ! La lumière appartient à l'antenne d'une monstrueuse lotte de mer ! Marin l'attrape prestement et la dirige vers Dory pour l'éclairer : « Vas-y, lis… dépêche-toi ! hurle-t-il.

45

– P. Sherman, 42, Wallaby Way, Sydney », lit Dory. Les deux amis savent désormais où aller. Un banc de poissons-lunes leur indique la bonne direction. « Nagez de ce côté. Vous rejoindrez le Courant est-australien dans environ trois miles. Là, vous arriverez à un canyon… Traversez-le, et ne passez surtout pas au-dessus ! »

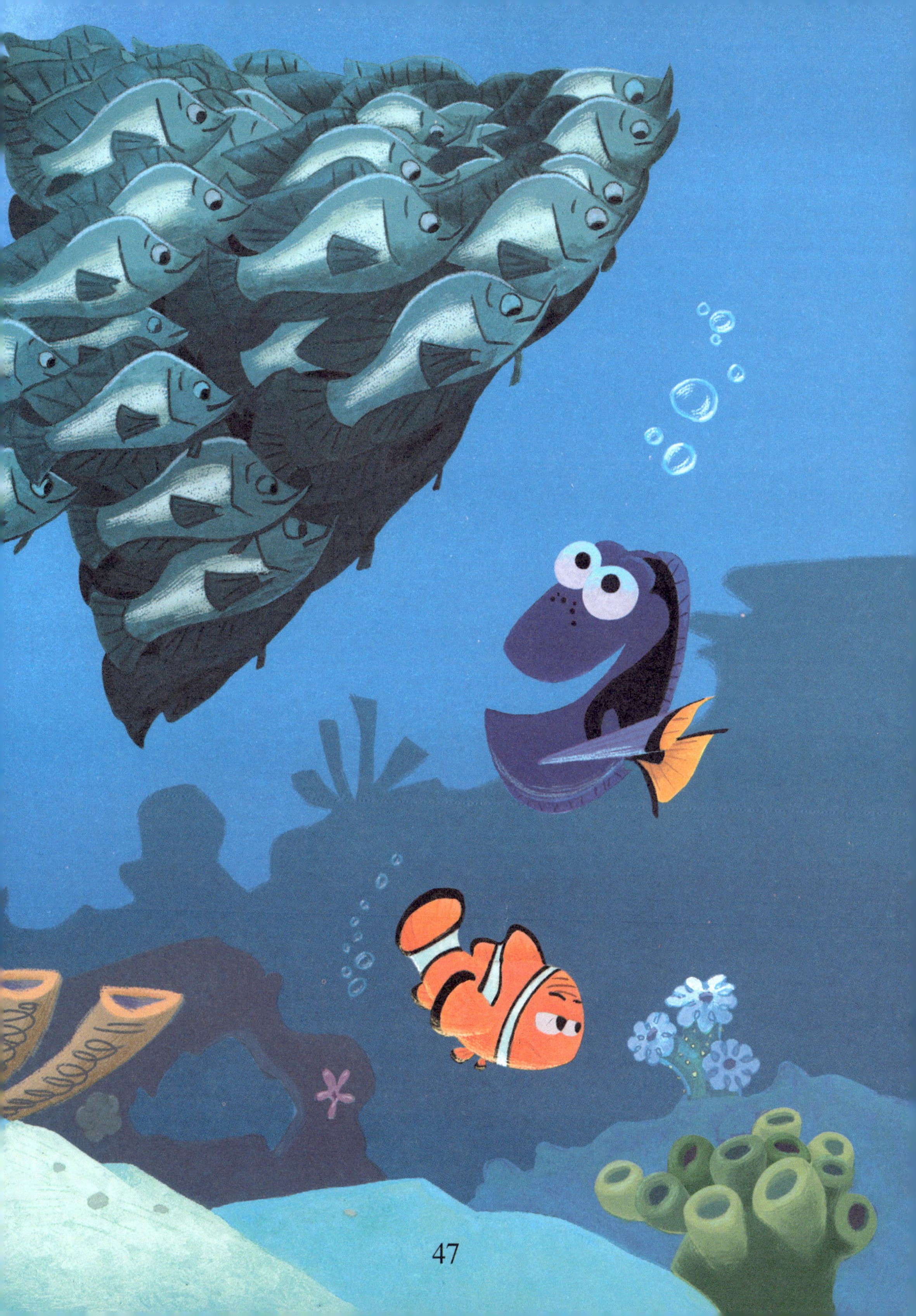

Marin a préféré ne pas suivre la recommandation des poissons-lunes. Le canyon lui paraissait si effrayant qu'il a convaincu Dory de nager dans les eaux claires. Le poisson-clown file en tête, quand un mur de méduses lui barre la route.
« On ne bouge plus ! s'écrie-t-il.
– Mais si, regarde, le convainc Dory en rebondissant sur la tête des méduses. C'est comme un jeu !
– D'accord ! le premier arrivé a gagné ! » lance son ami.

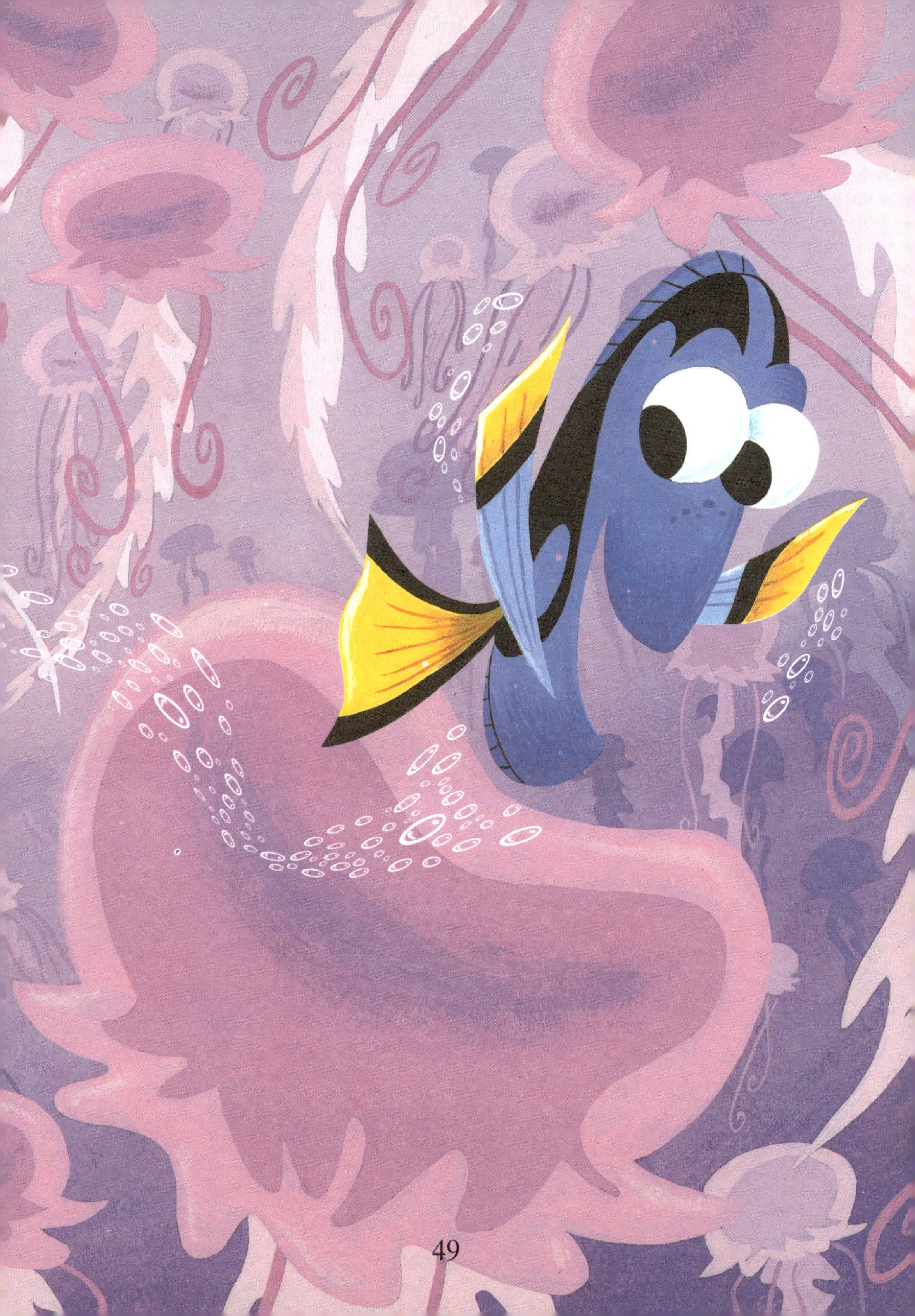

Marin sort indemne du banc de méduses.
« Ouaouh, j'ai réussi ! C'est moi le vainqueur ! »
s'exclame-t-il en se retournant.
Mais Dory a disparu. Il s'enfonce à nouveau
dans la forêt de méduses pour la retrouver.
Elle s'est fait piquer sur tout le corps. Marin l'encourage :
« Surtout reste éveillée… » répète-t-il, tandis que
les méduses commencent à le piquer à son tour.
Les deux amis perdent connaissance.

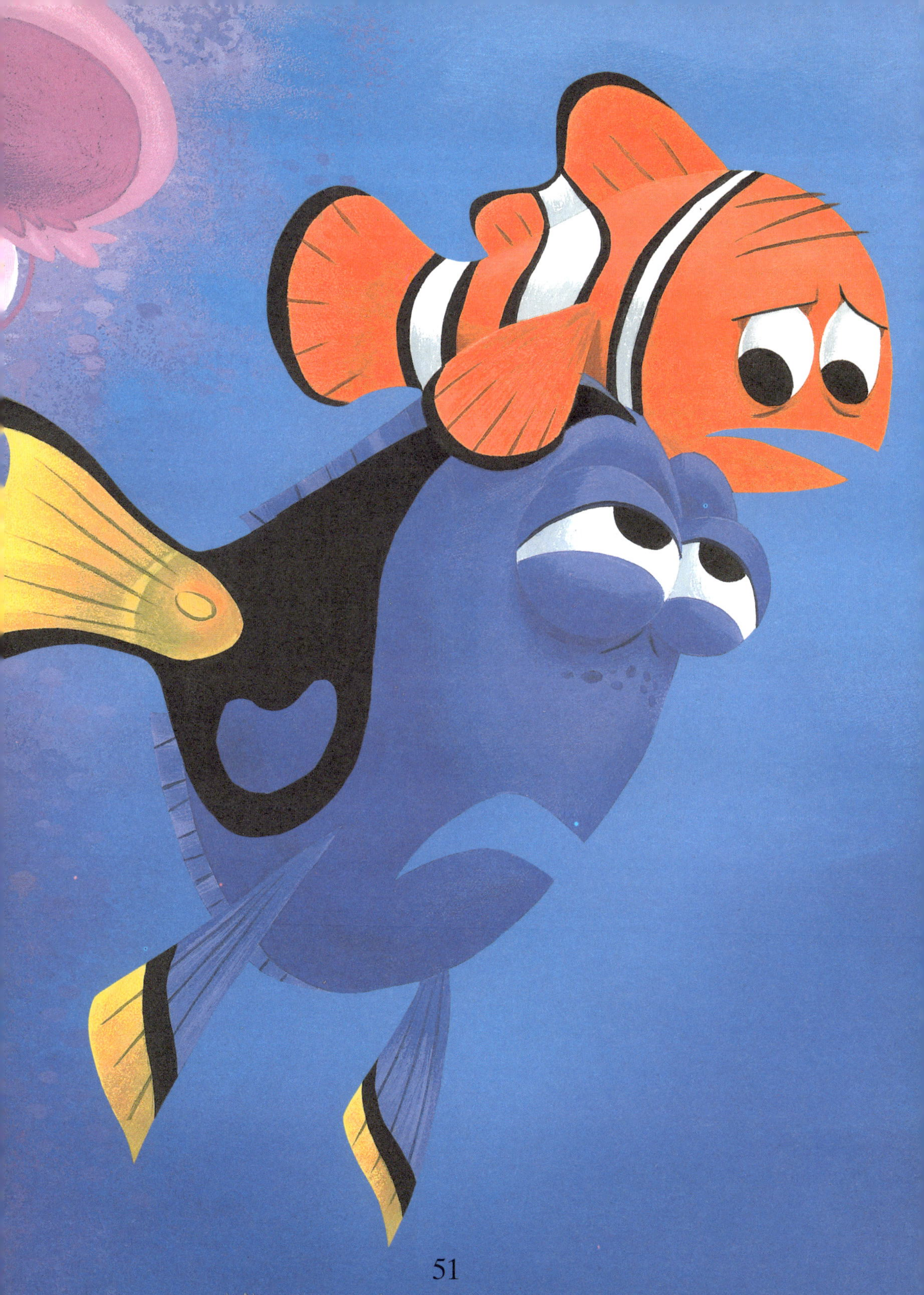

Le lendemain, dans l'aquarium, Gill expose à sa bande le plan d'évasion :
« On va bloquer le filtre, l'eau sera sale et le dentiste va nous placer dans des sacs en plastique pour tout nettoyer. On sautera alors par la fenêtre, on passera à travers les buissons, et hop ! dans l'océan ! »
Il fait donc monter Nemo vers la roue du filtre, puis lui lance un caillou pour coincer les pales du moteur…

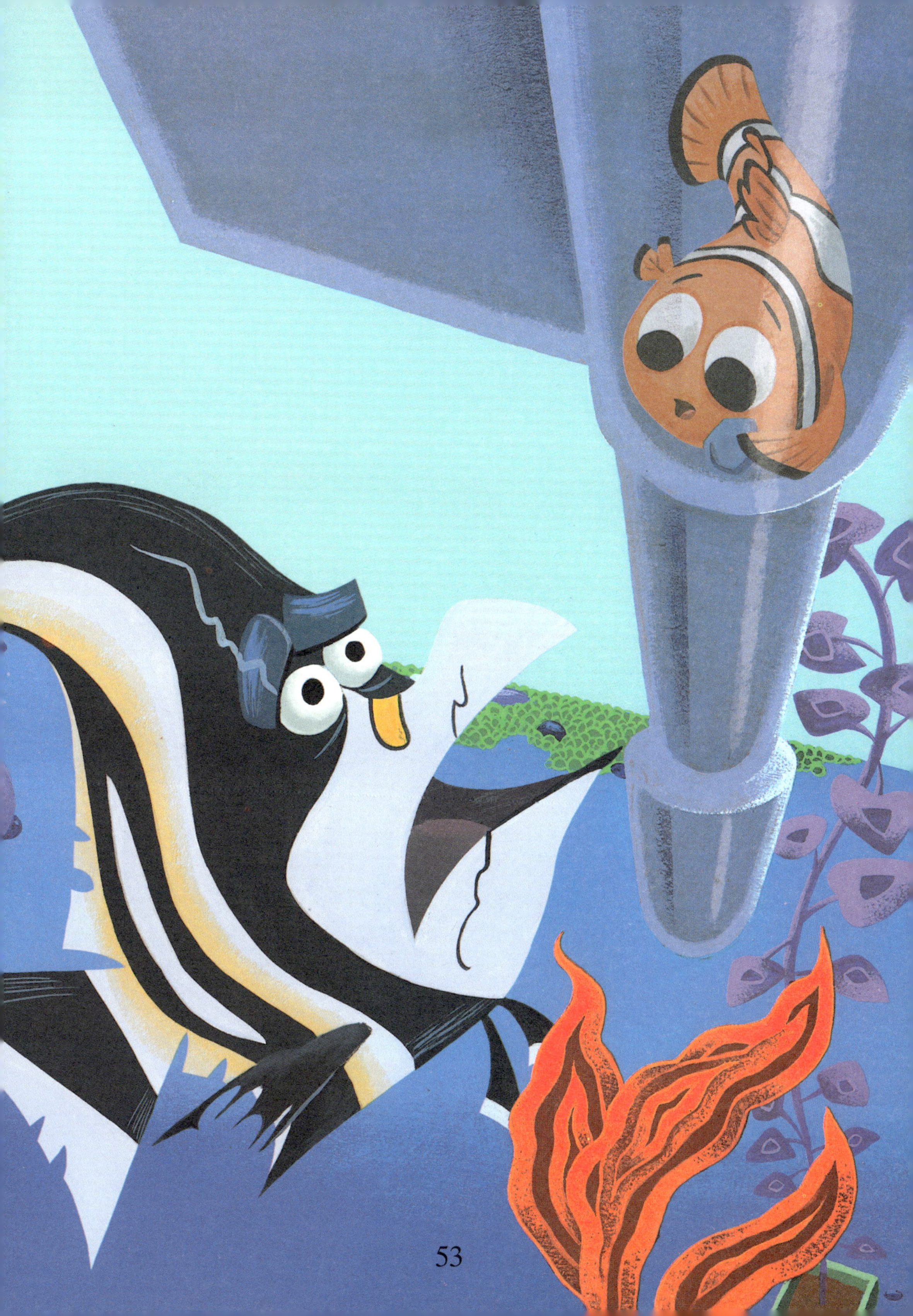

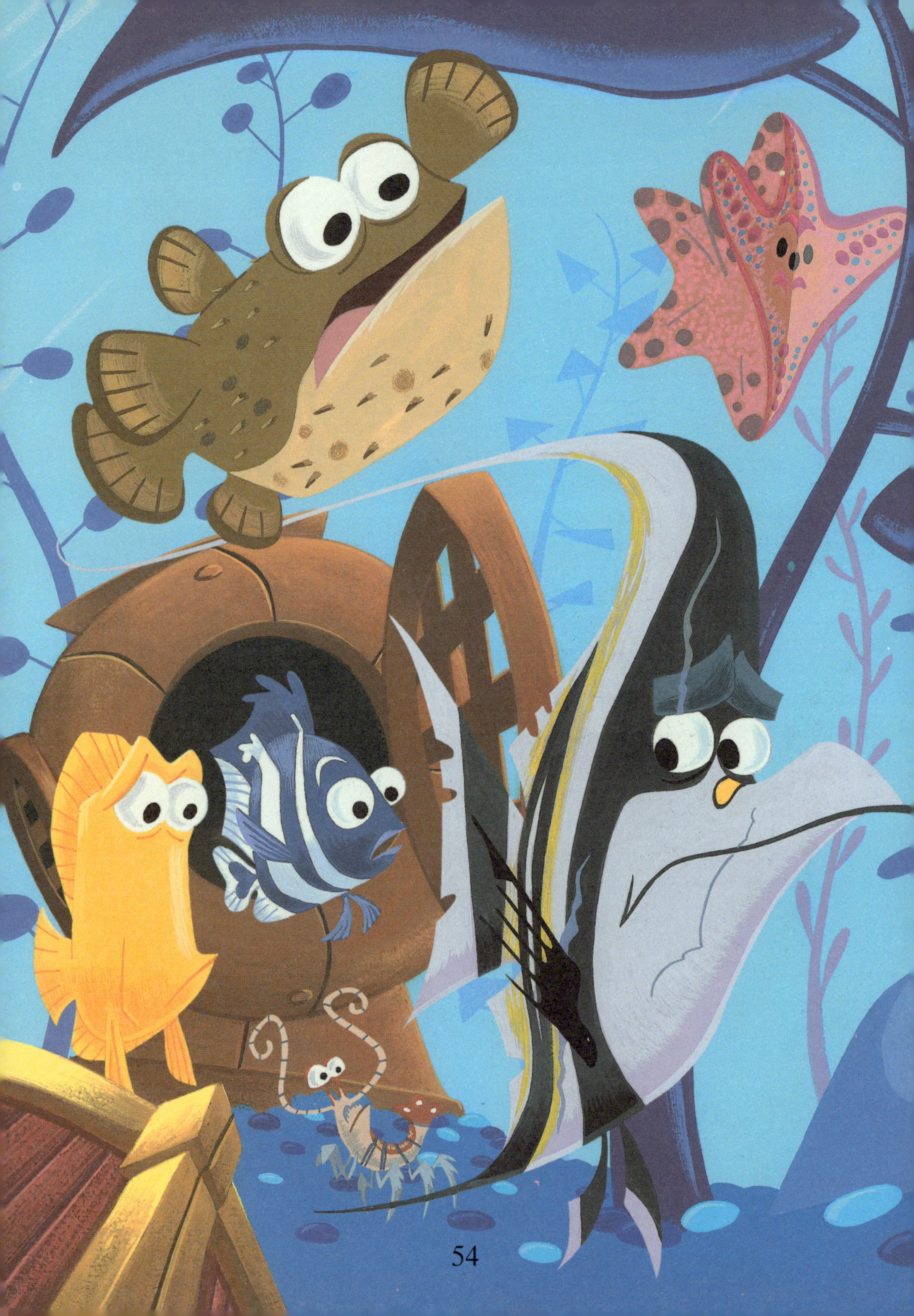

La manœuvre a réussi. Le mécanisme est stoppé et Nemo redescend par le tube du filtre, ravi de son exploit. Il s'apprête à rejoindre Gill, quand soudain le caillou se déplace, et le moteur se remet en marche. Catastrophe ! Nemo est aspiré ! Il est sauvé de justesse grâce à l'intervention de ses compagnons.
« Gill, ne renvoie plus jamais le petit là-dedans ! » supplie Astride, l'étoile de mer.

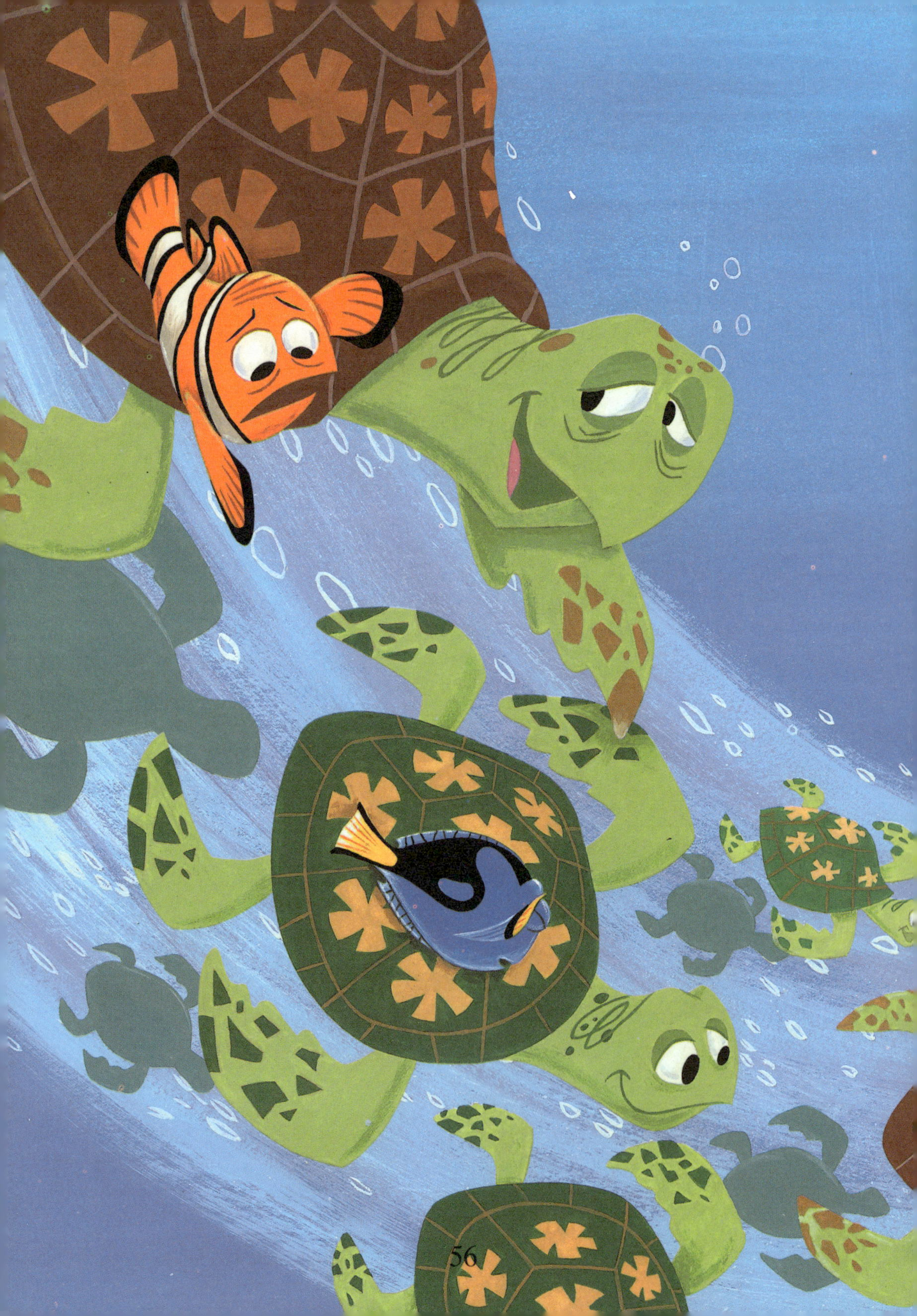

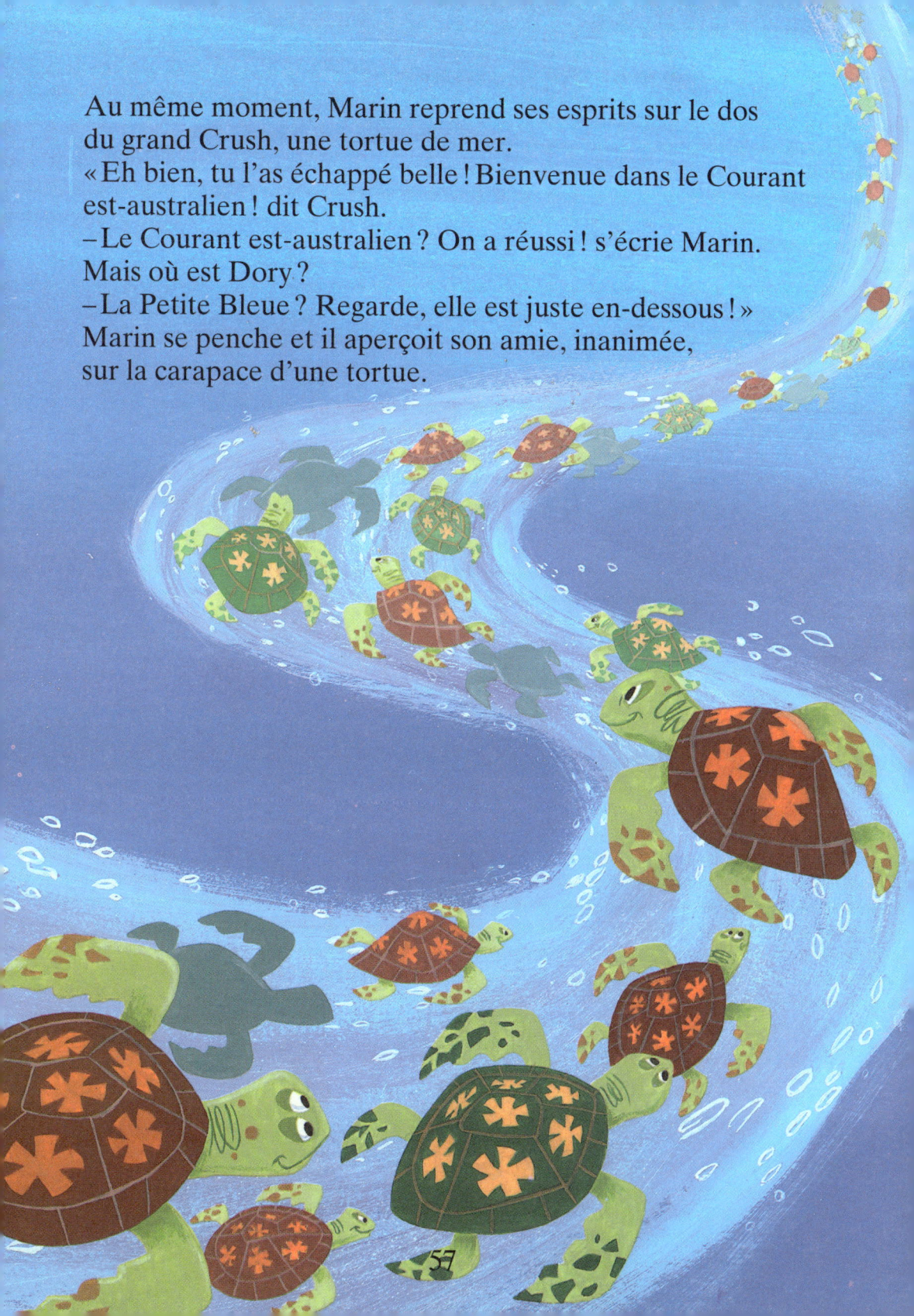

Au même moment, Marin reprend ses esprits sur le dos du grand Crush, une tortue de mer.
« Eh bien, tu l'as échappé belle ! Bienvenue dans le Courant est-australien ! dit Crush.
– Le Courant est-australien ? On a réussi ! s'écrie Marin. Mais où est Dory ?
– La Petite Bleue ? Regarde, elle est juste en-dessous ! »
Marin se penche et il aperçoit son amie, inanimée, sur la carapace d'une tortue.

En réalité, Dory jouait à cache-cache avec les bébés tortues. Squiz, l'un d'eux, est brusquement propulsé hors du Courant est-australien. Marin se précipite pour le secourir, mais Crush le retient.
« Laisse, vieux, mon fiston peut très bien se débrouiller. »
Squiz se débat puis, tout en riant, retourne près de son père et lui tape la patte.
« T'as vu ce que j'ai fait, P'pa ? C'était vraiment chouette ! »

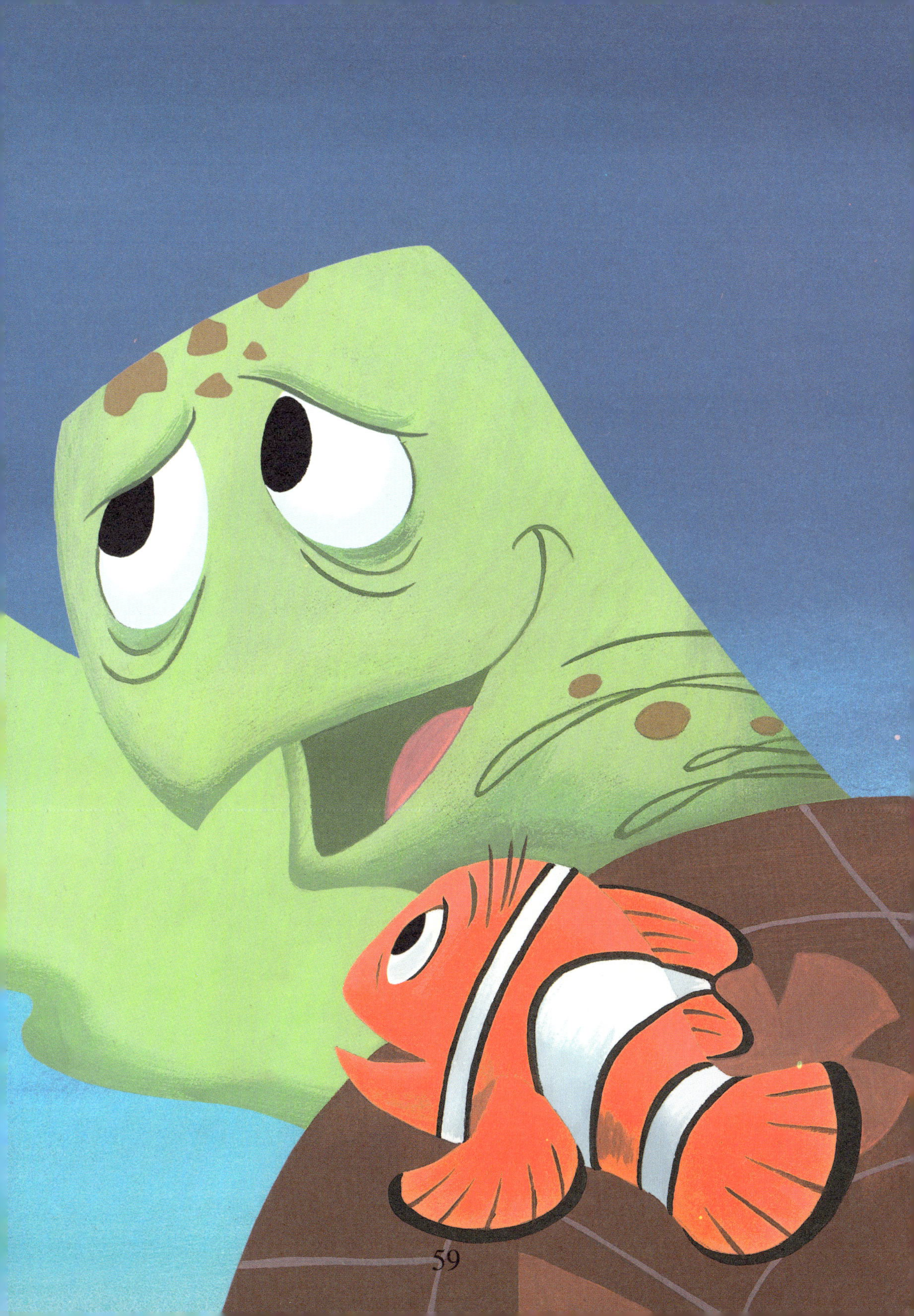

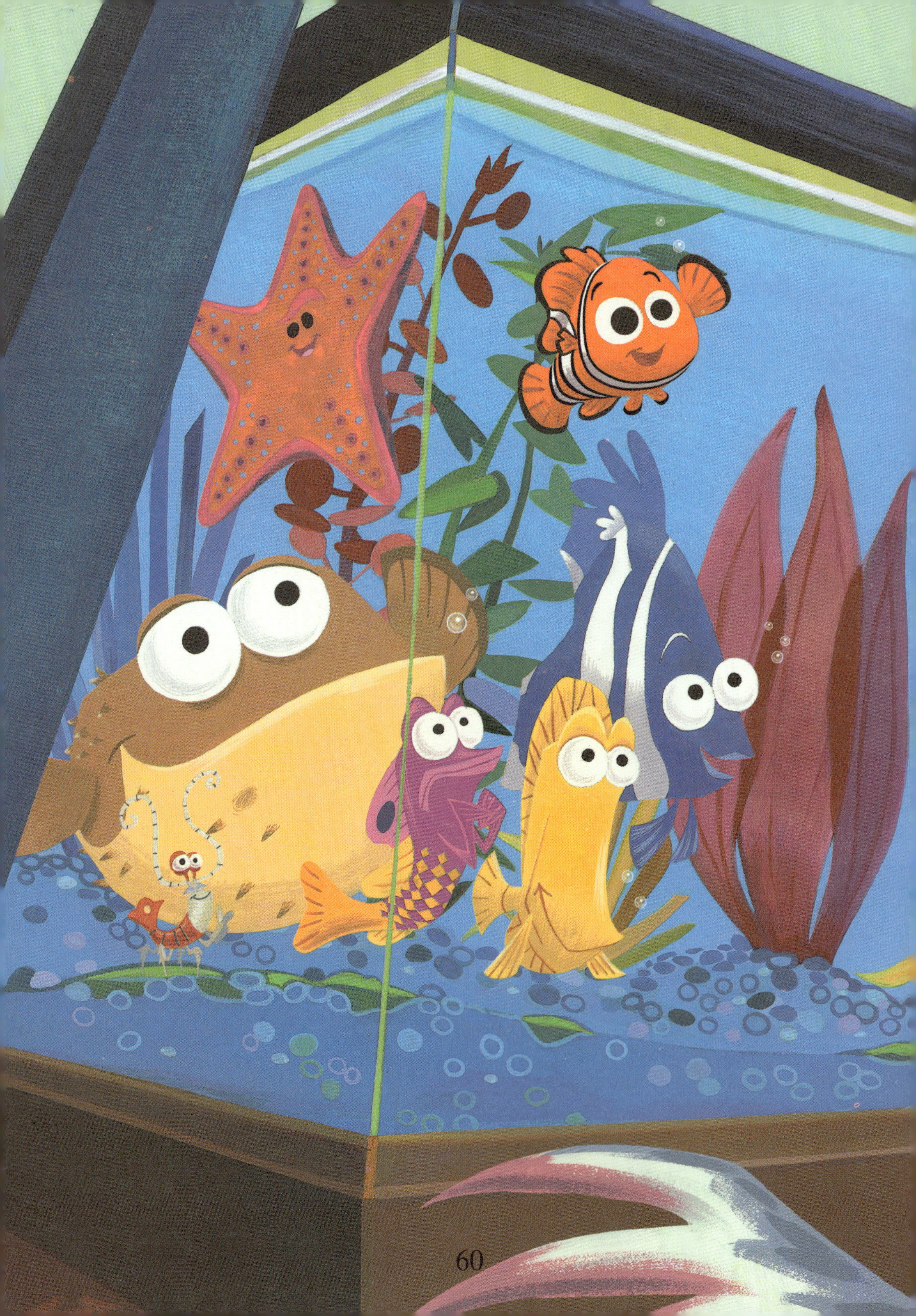

Grâce aux tortues, l'histoire de Marin et de son fils a été transmise jusqu'au port de Sydney où deux pélicans pêchent leur déjeuner. L'un d'eux réagit immédiatement au nom de Nemo. Et pour cause : c'est l'Amiral ! Il s'envole aussitôt et va se poser sur la fenêtre, près de l'aquarium.

« Eh ! les Siphonnés, j'ai des nouvelles pour Nemo. Son père se bat contre l'océan tout entier pour le retrouver ! »

Au récit des aventures de son père, Nemo se sent tout ragaillardi. Il remonte vers la surface, place le caillou dans le volant de rotation, arrête le mécanisme, puis disparaît. À l'extérieur du tube, Gill s'affole :
« Sushi, tout va bien ? Dis quelque chose… Tu m'entends ? »
Nemo surgit derrière lui, fier d'avoir réussi sa mission.
« Mais oui, je t'entends ! »

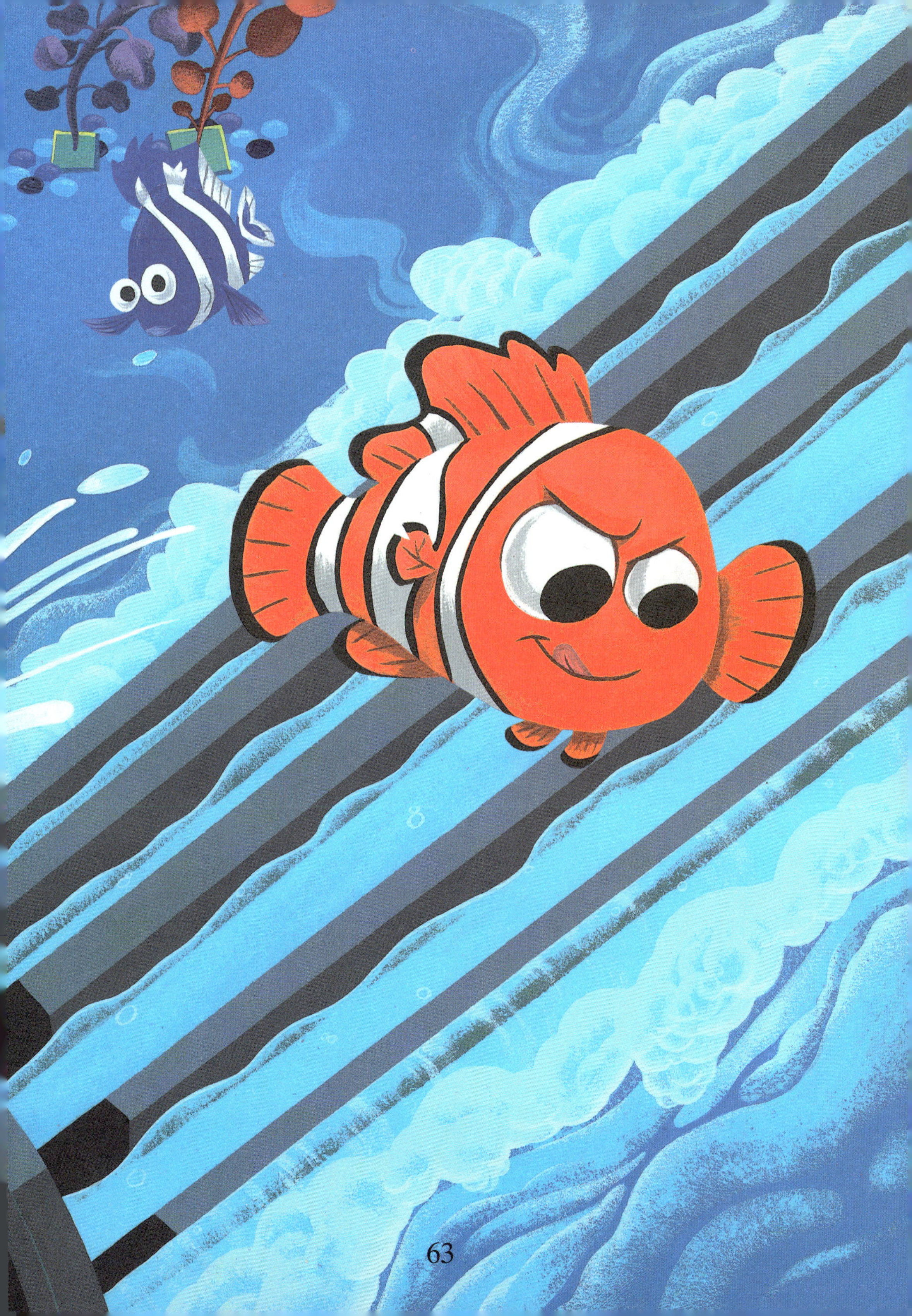

Marin et Dory ont quitté le Courant est-australien.
« Nous n'avons plus qu'à continuer tout droit ! »
déclare Marin alors qu'ils regagnent les grands fonds.
Mais un énorme monstre surgit derrière eux…
Une baleine ! Ouf ! les baleines ne mangent
que du krill…
« Attention, sauve qui peut ! » crie Marin avant
d'être aspiré dans la gueule de la bestiole.

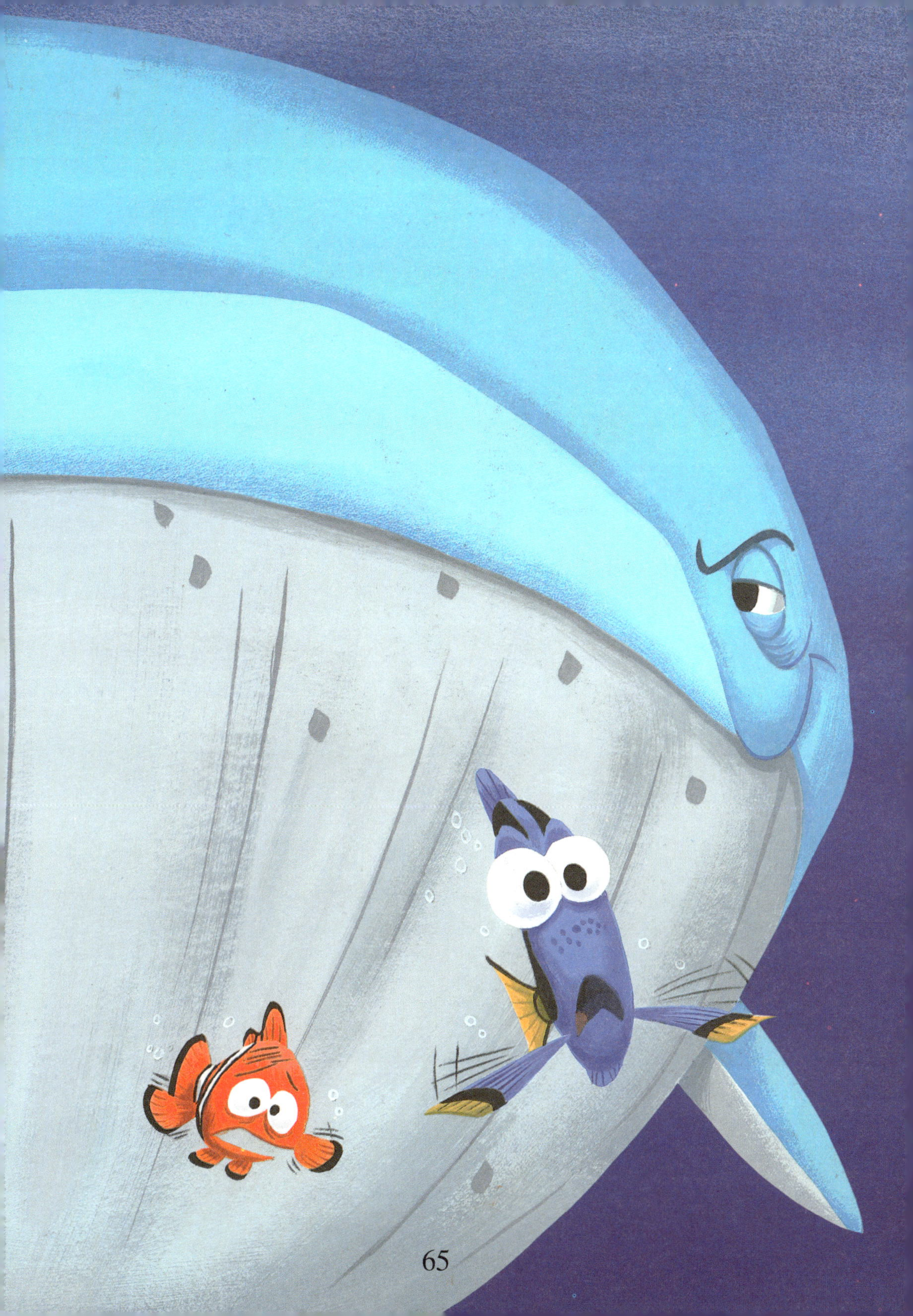

Dans l'aquarium, l'eau est trouble… Gill est ravi. C'est exactement ce qu'il voulait. Les vitres sont couvertes d'algues et de mousse. À l'intérieur, on ne voit plus rien. Le dentiste pousse des cris horrifiés en voyant le désastre : « Barbara, hurle-t-il à sa secrétaire, annulez mes rendez-vous de la matinée, il faut que cet aquarium soit propre pour la venue de Darla ! »

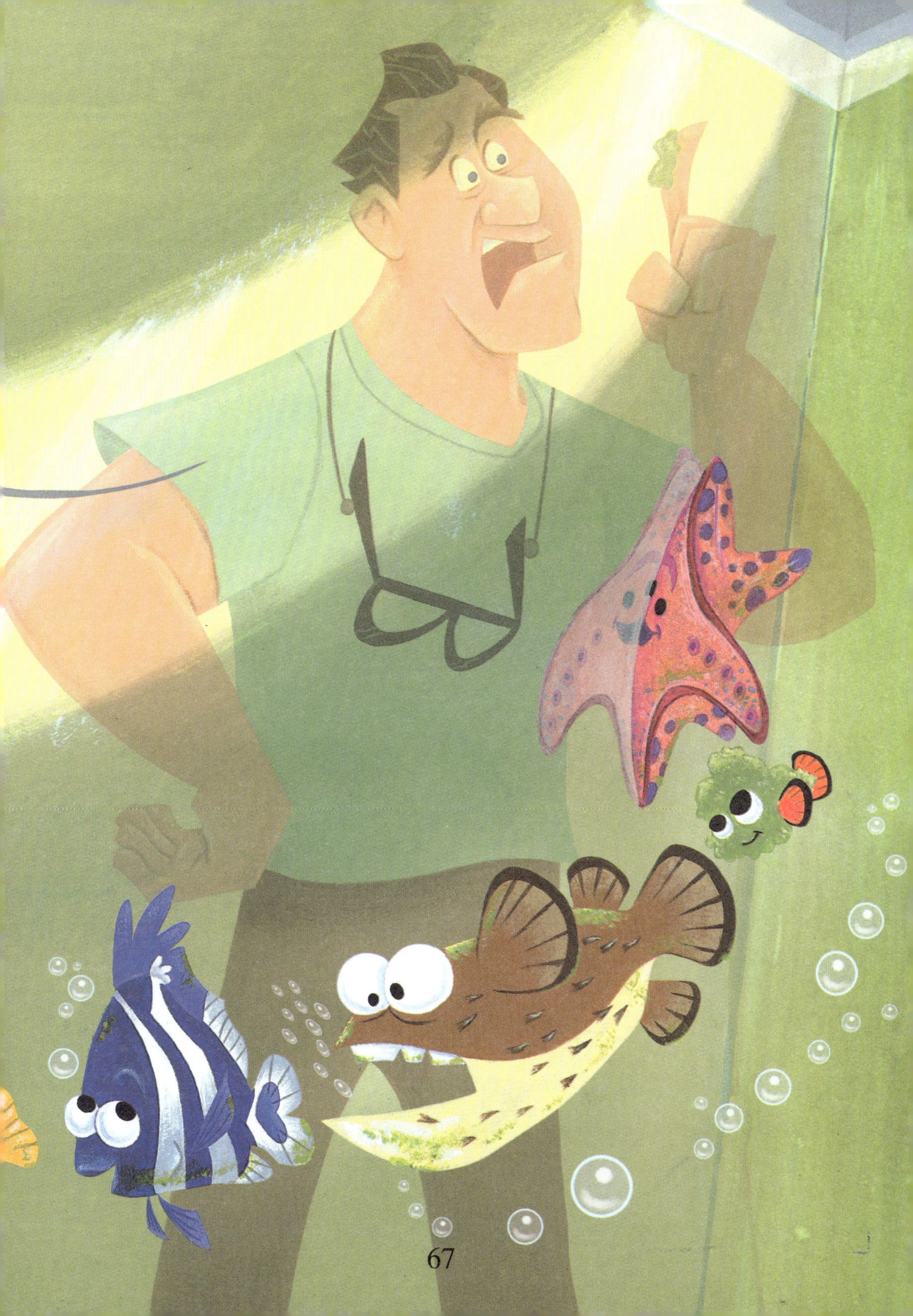

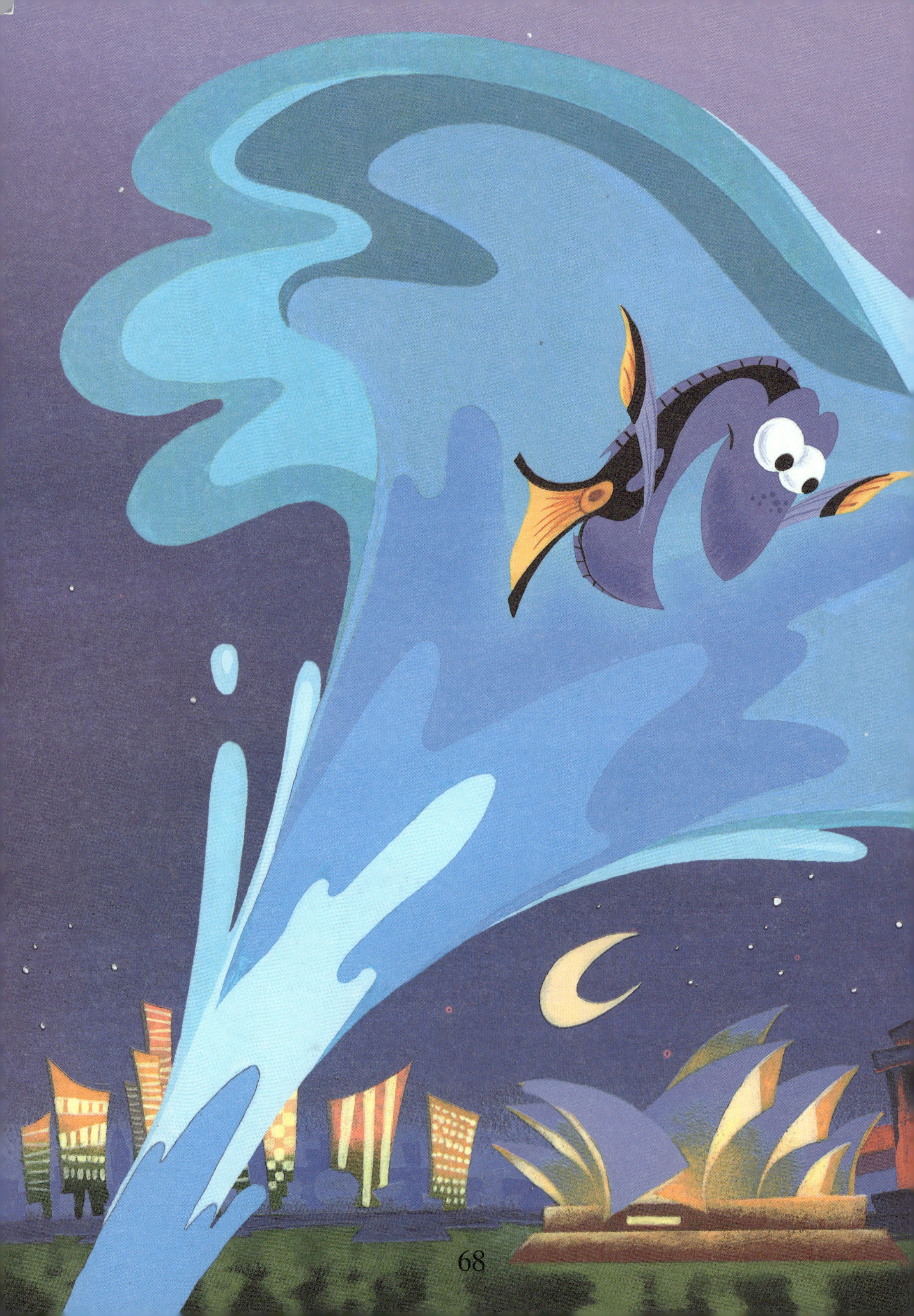

Marin et Dory ont bien cru qu'ils allaient être digérés par la baleine.
Mais ils se démènent si vigoureusement dans sa bouche que le monstre chatouillé, agacé, hoquette, puis, finalement, fait surface en expulsant l'eau par ses évents. Marin et Dory hurlent de joie en découvrant qu'ils sont dans le port de Sydney.

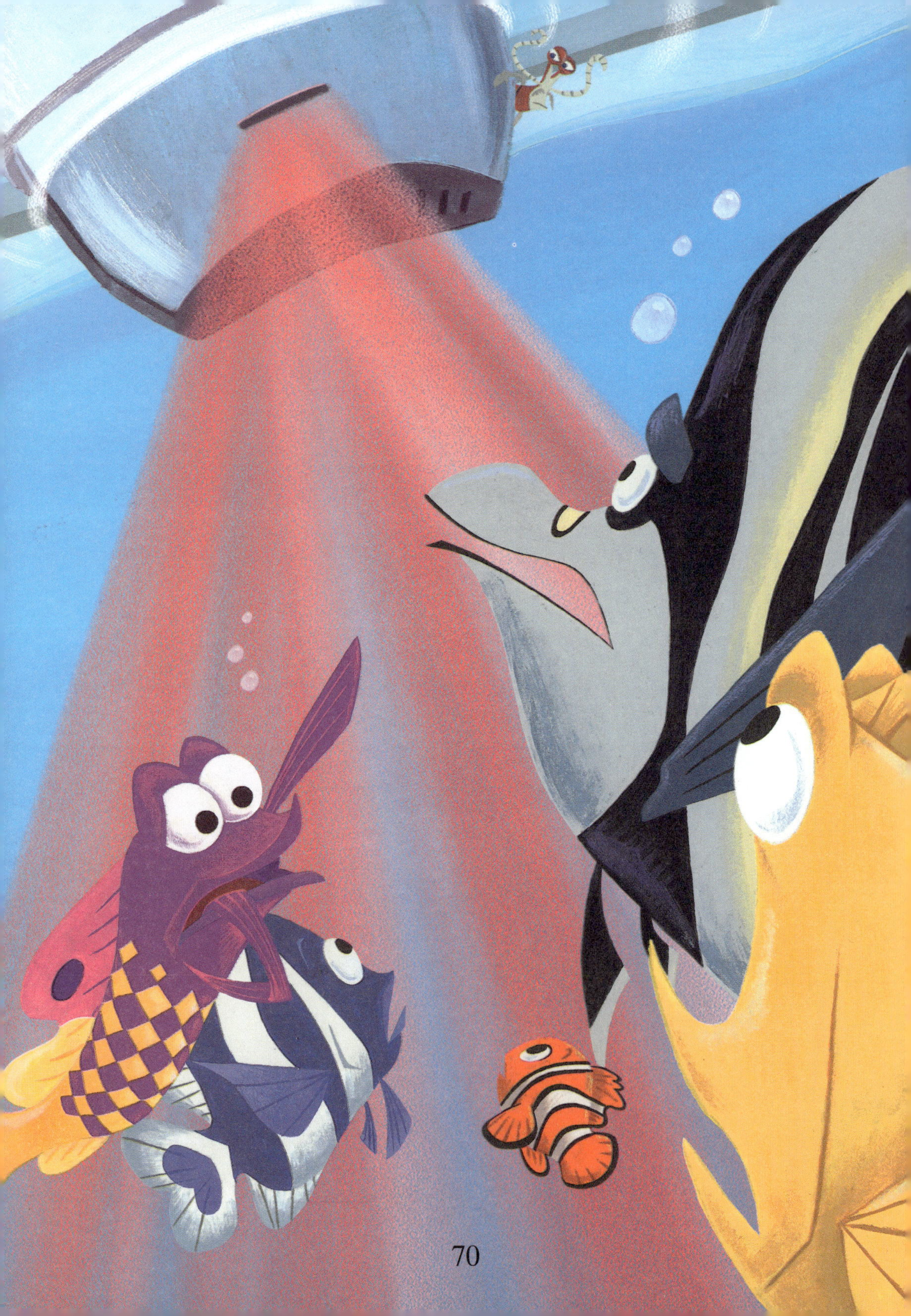

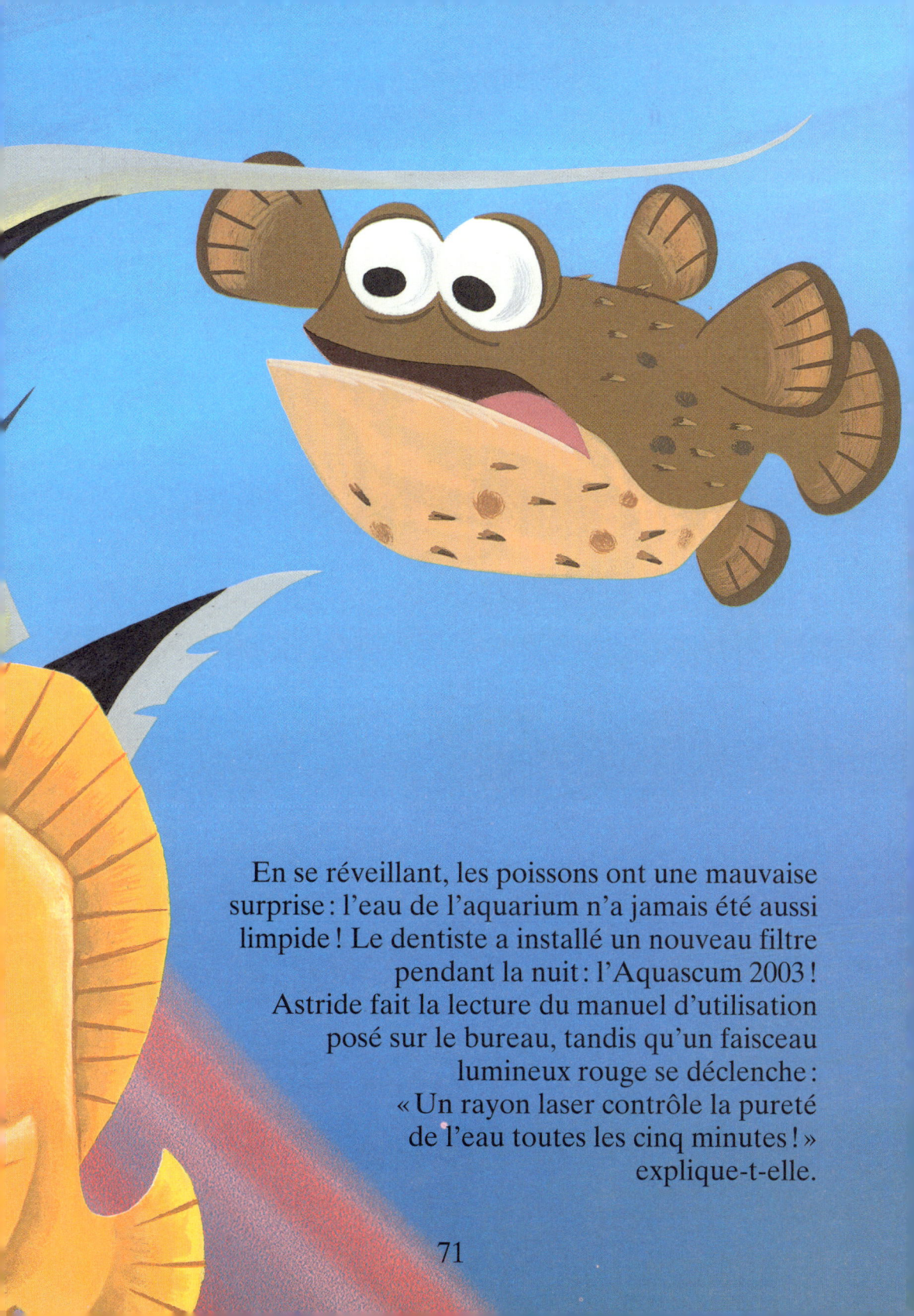

En se réveillant, les poissons ont une mauvaise surprise : l'eau de l'aquarium n'a jamais été aussi limpide ! Le dentiste a installé un nouveau filtre pendant la nuit : l'Aquascum 2003 !
Astride fait la lecture du manuel d'utilisation posé sur le bureau, tandis qu'un faisceau lumineux rouge se déclenche :
« Un rayon laser contrôle la pureté de l'eau toutes les cinq minutes ! » explique-t-elle.

Pour Marin et Dory, l'aventure continue. Les deux amis tentent de repérer le bateau de plongée dans le port de Sydney, lorsqu'ils sont pêchés par un pélican et recrachés sur un ponton. L'Amiral s'approche d'eux.
« Je cherche mon fils, Nemo ! explique Marin.
– Nemo, le petit poisson-clown ? s'exclame l'Amiral. Mais je sais où il est, moi ! Vite, sautez dans mon bec, je vais vous emmener jusqu'à lui ! »

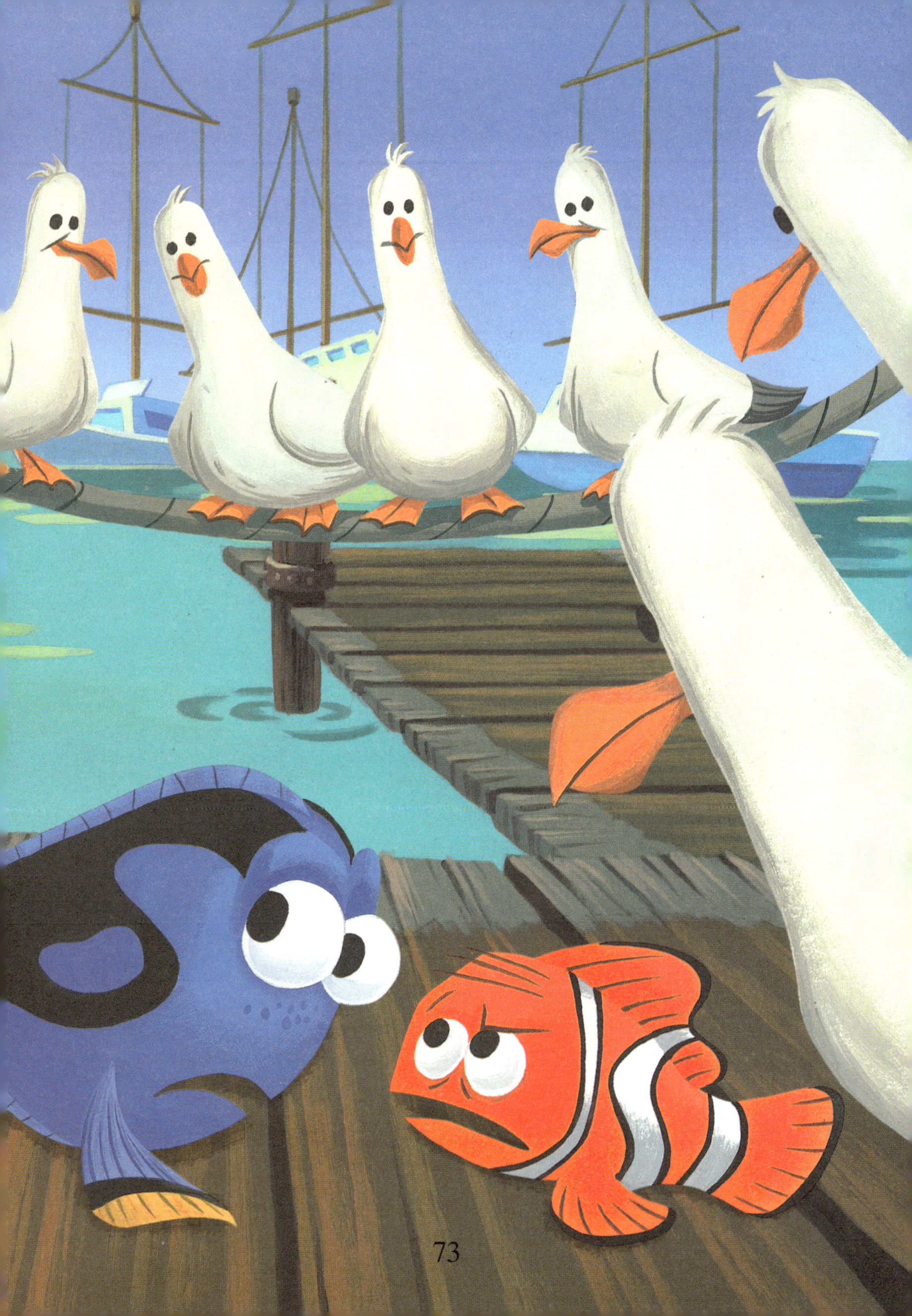

Marin et Dory acceptent d'autant plus facilement que des mouettes gloutonnes les ont repérés pour s'en faire un bon casse-croûte. Après avoir pris une gorgée d'eau de mer, l'Amiral les embarque dans son bec. Une armée de volatiles braillards se lance à sa poursuite. Négociant habilement un virage, l'Amiral les laisse sur place, plantés dans la voile d'un bateau.

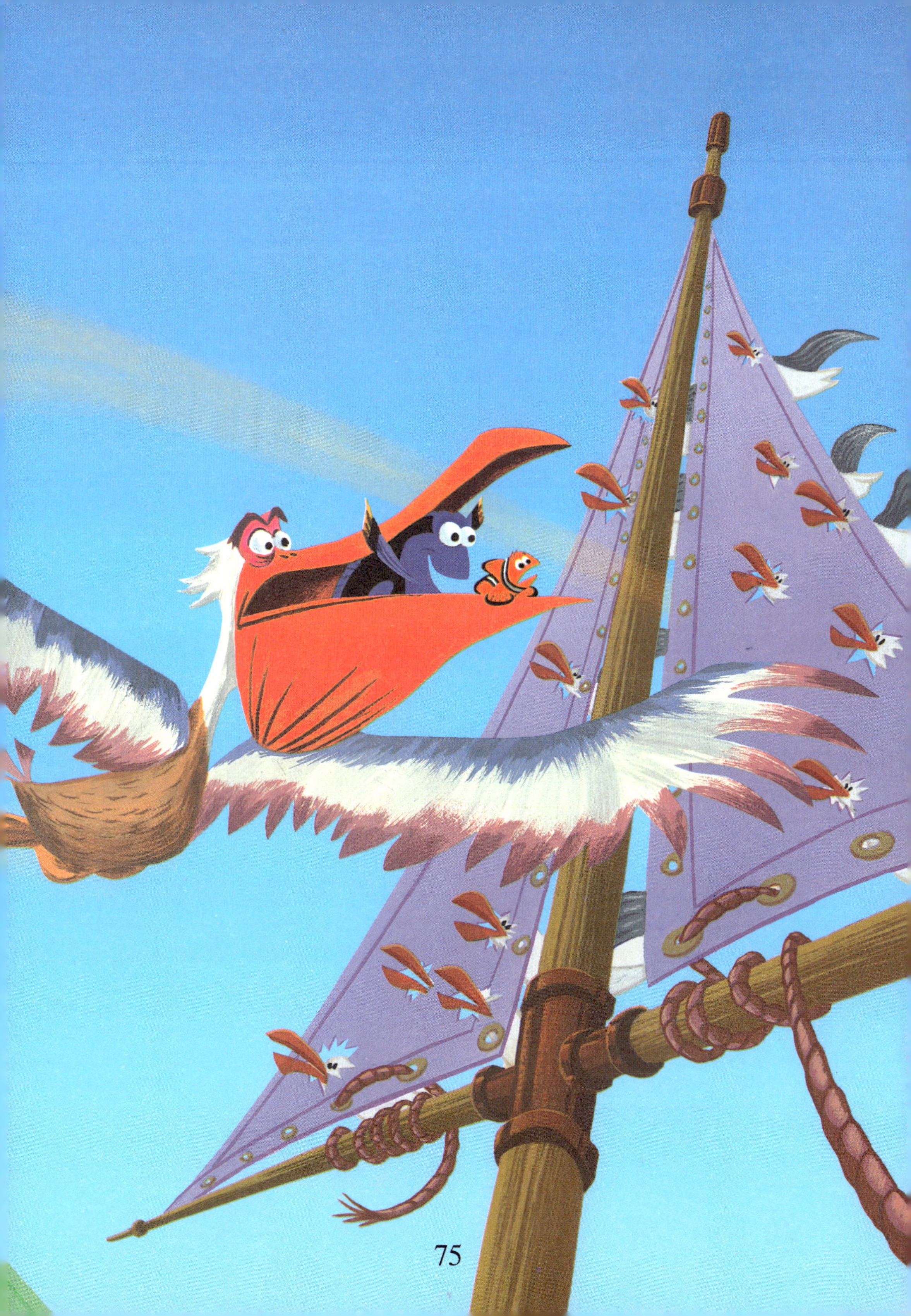

76

Nemo a eu beau se cacher au fond de l'aquarium, le dentiste a réussi à le capturer et l'a enfermé dans un sac en plastique. Le petit poisson-clown sent que son heure est arrivée. Il va être offert à cette peste de Darla, la terreur de la bande. Derrière la vitre, ses camarades l'observent, impuissants. Nemo cherche une ruse pour se sauver et décide de faire le mort.

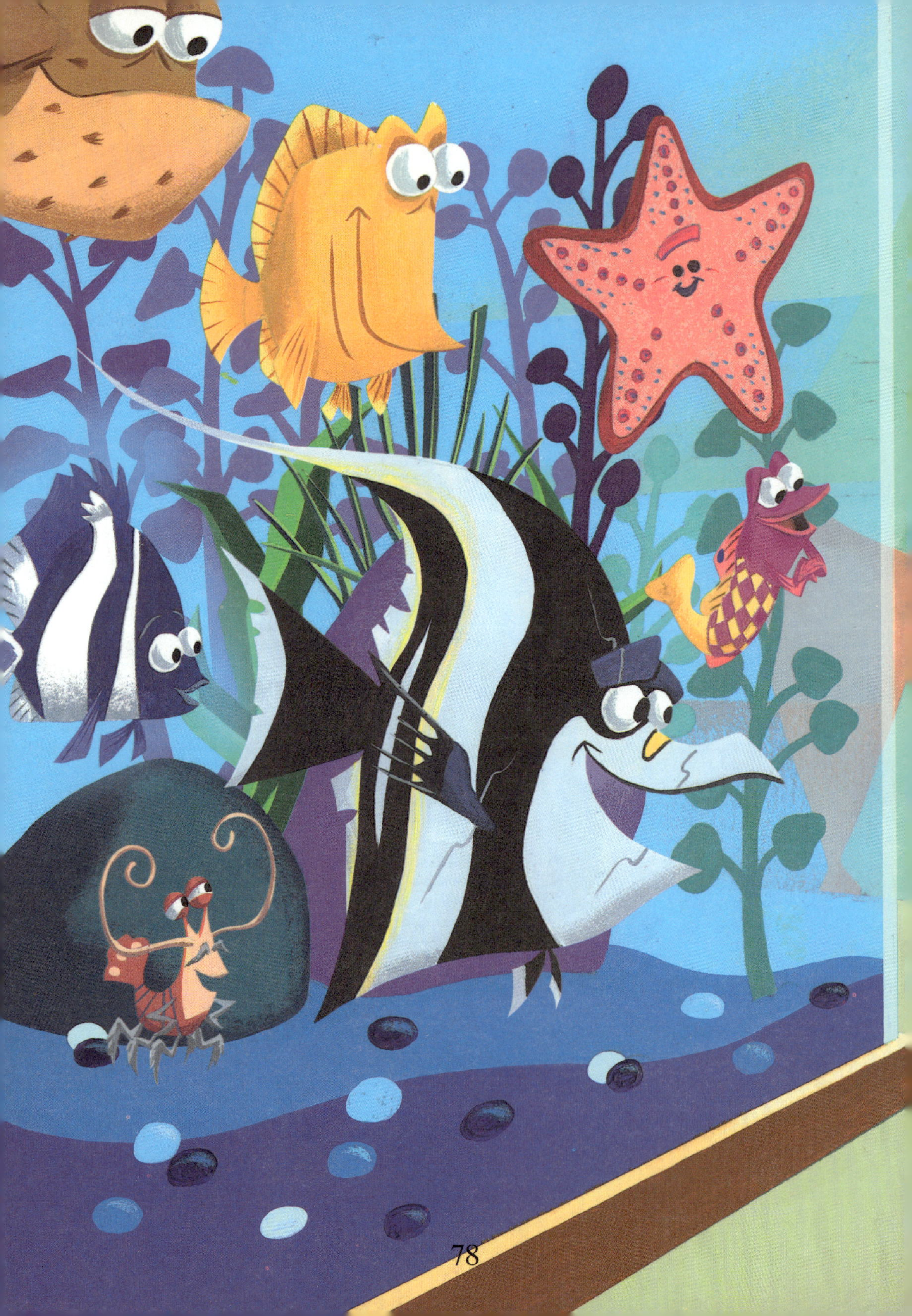

Darla vient d'arriver.
Elle réclame son poisson
d'anniversaire. Le dentiste court le chercher, mais
lorsqu'il saisit le sac, il s'aperçoit que Nemo flotte
le ventre en l'air.
« Oh, non ! gémit-il, pauvre petit gars ! »
Il dissimule le sac derrière son dos. Nemo en profite
pour rassurer les Siphonnés du Bocal d'un rapide clin d'œil.

Darla est furieuse. Elle a repéré son cadeau.
Mais dans le sac, le poisson est immobile.
« Pourquoi est-ce qu'il dort ? grogne-t-elle.
Allez, réveille-toi ! »

Les hurlements de la petite fille affolent l'Amiral qui vient de se poser sur la fenêtre. Par son bec entrouvert, Marin aperçoit son fils dans le sac qui vient de se percer :
« Oh ! Nemo, il est mort ! » s'écrie-t-il, horrifié.

Pour réveiller son poisson, Darla secoue le sac de toutes ses forces. Nemo tombe, suffocant, sur le miroir dentaire du docteur. Les Siphonnés retiennent leur souffle. Mais Gill intervient. Profitant des colonnes de bulles de l'aquarium, il bondit sur la tête de Darla :
« Aaaah ! J'ai une bête toute gluante dans les cheveux ! » hurle-t-elle.
Gill saute sur l'extrémité du miroir et voilà Nemo propulsé dans le lavabo-crachoir. Il disparaît dans les canalisations.

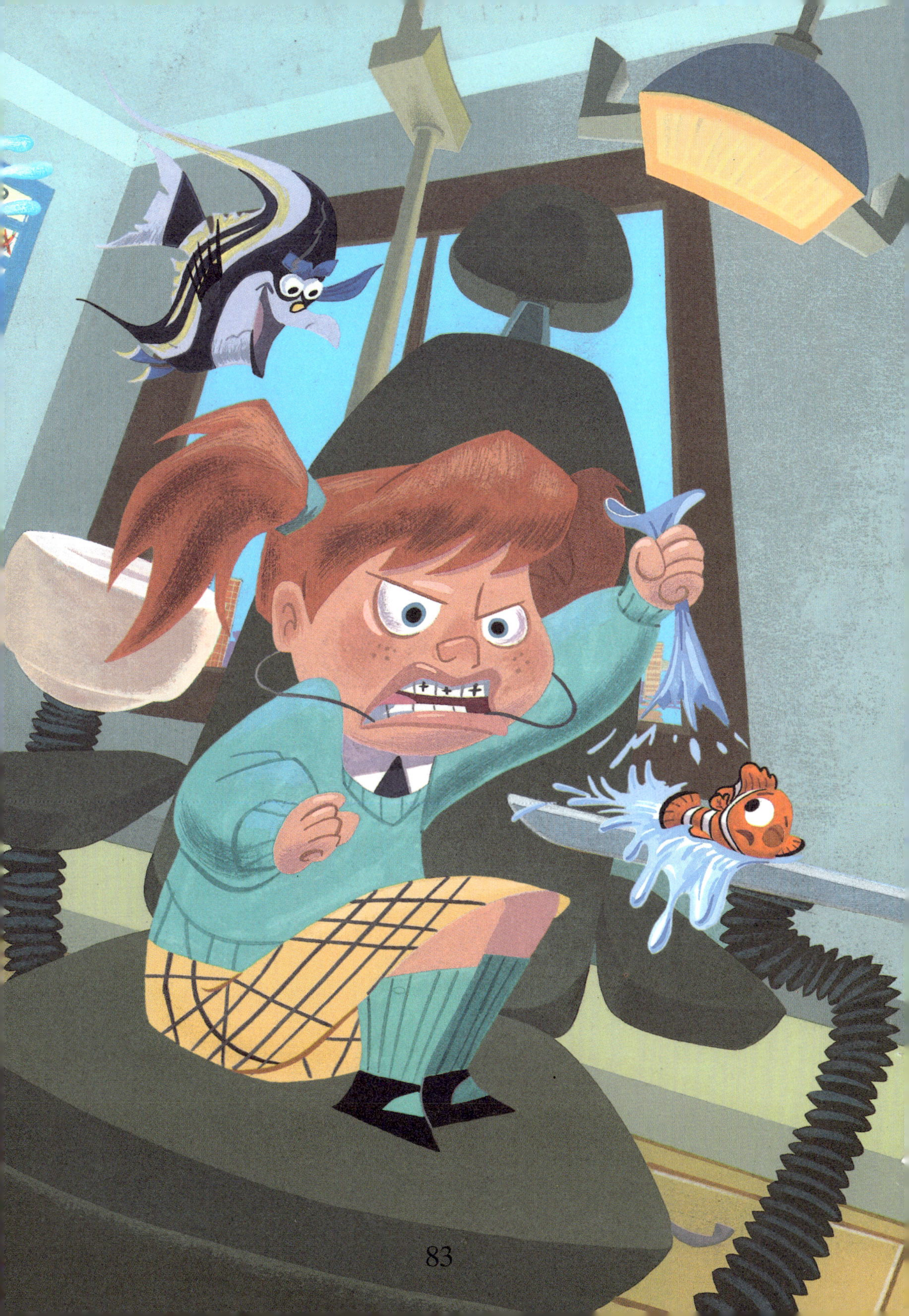

De la fenêtre, Marin n'a pas pu voir que son fils était vivant. Nemo disparu, il n'a plus qu'à rentrer chez lui. L'Amiral reprend son vol jusqu'à une balise où il le dépose avec Dory. Elle ne sait que dire pour le consoler.
« Ne m'en veux pas, Dory. J'ai besoin d'être seul ! s'excuse-t-il. Je dois oublier maintenant, tu comprends ? »

À peine Marin a-t-il tourné le dos que Nemo surgit par un trou dans le tuyau d'évacuation des eaux usées de Sydney. Ouf ! enfin l'océan, la liberté ! Deux crabes en quête de chair fraîche se précipitent pour l'attraper en faisant claquer leurs pinces. Nemo leur échappe.

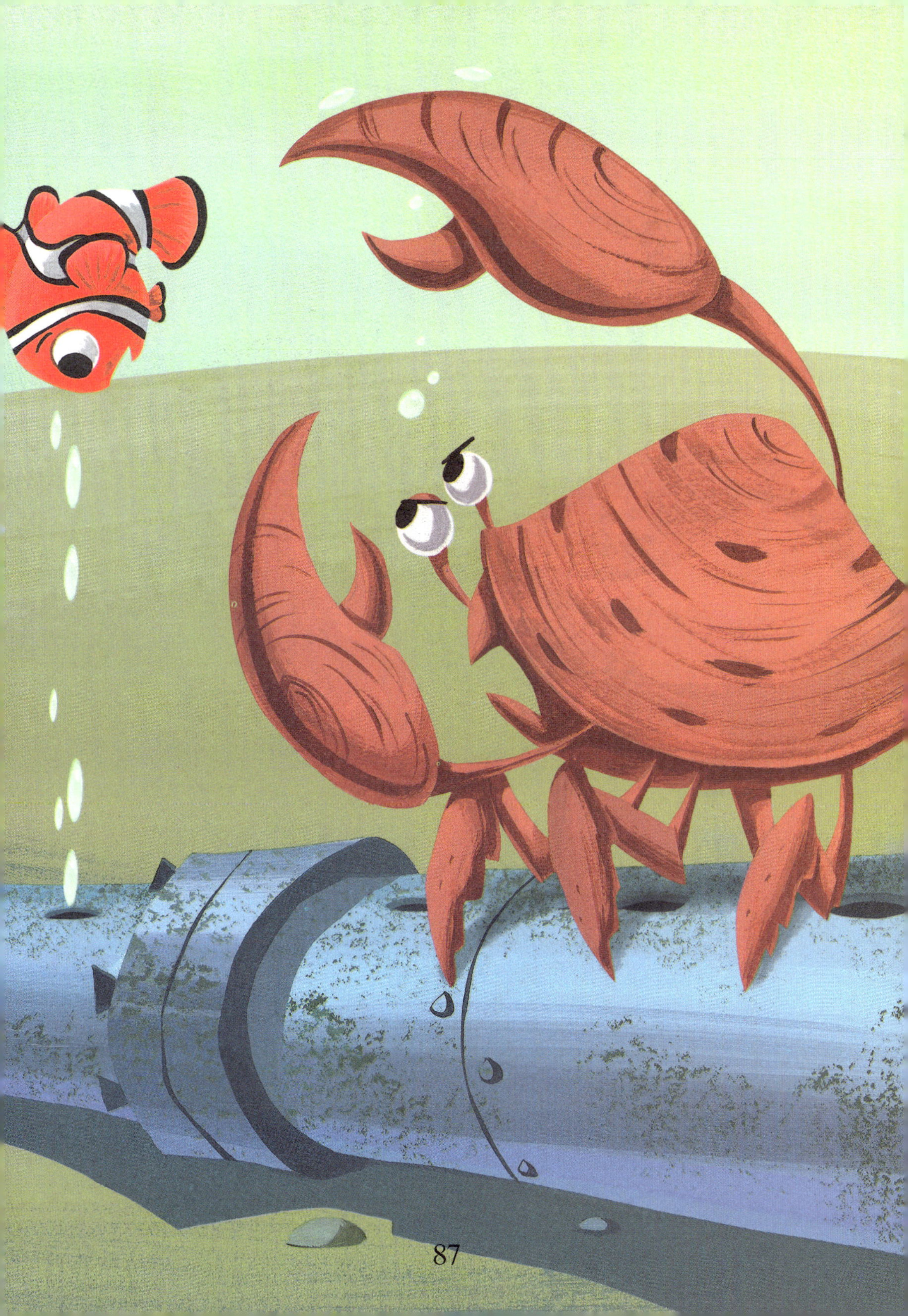

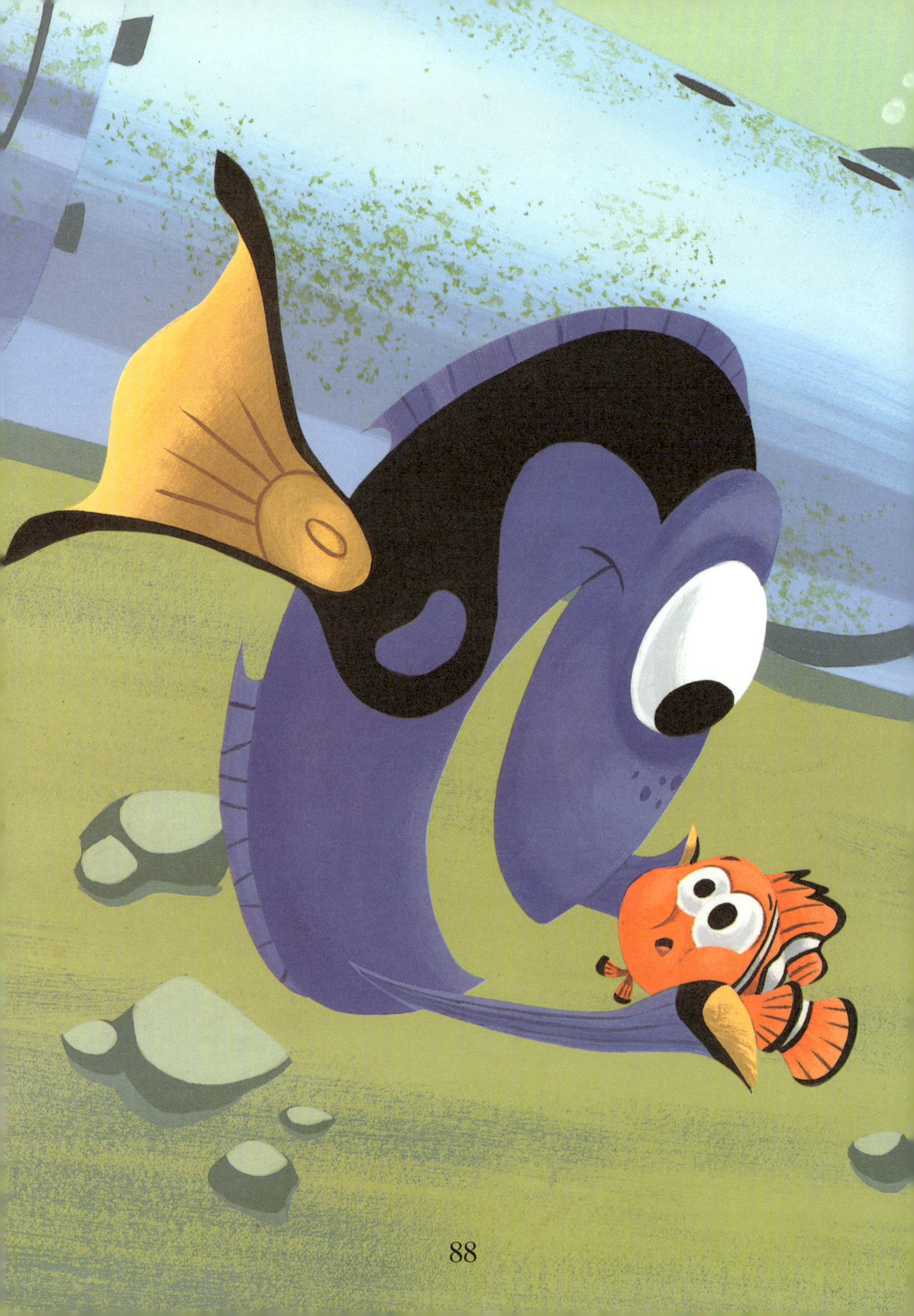

Dans les eaux du port, Nemo entend quelqu'un pleurer. C'est Dory, qui ne se souvient plus de ce qu'elle fait là, ni où elle va ! Nemo se présente, mais Dory ne réagit pas. C'est seulement lorsqu'elle lit « Sydney » sur le tuyau d'évacuation qu'elle s'anime.
« Nemo ? Mais ton père te croit mort ! s'exclame-t-elle.
– Mon père ? s'étonne Nemo. Vous le connaissez ?
– Bien sûr ! Il est parti par là ! Vite, allons-y ! »

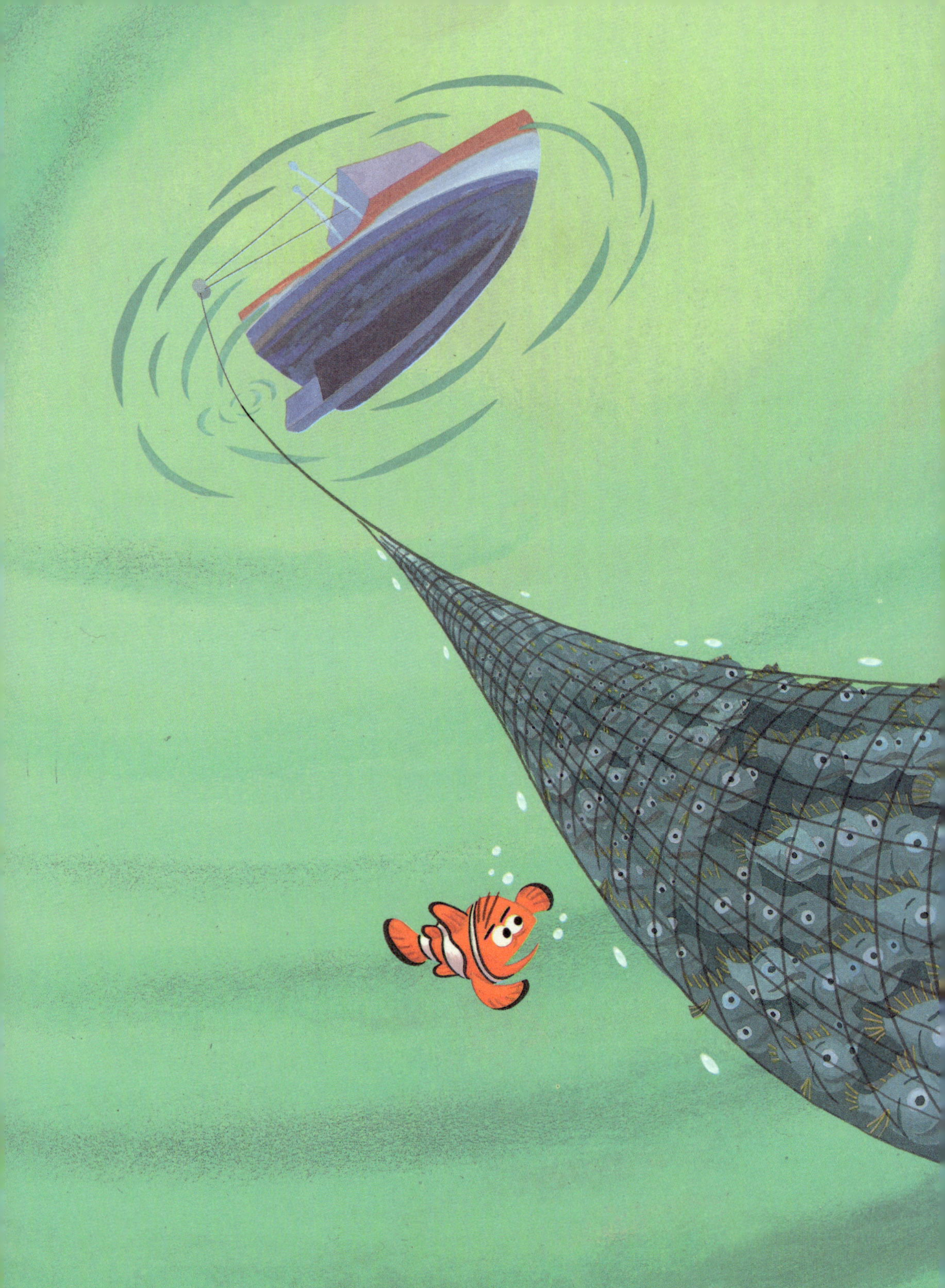

Nemo aperçoit Marin au milieu d'un banc de mérous. Un filet de pêche est sur le point de les capturer.
« Papa, attention ! »
Marin n'a que le temps de se dégager, mais tandis qu'il étreint son fils, Dory se fait prendre. Le filet remonte lentement. Nemo a une idée : il se glisse entre les mailles et encourage les mérous :
« Nagez à contresens ! Tirez sur le filet ! »

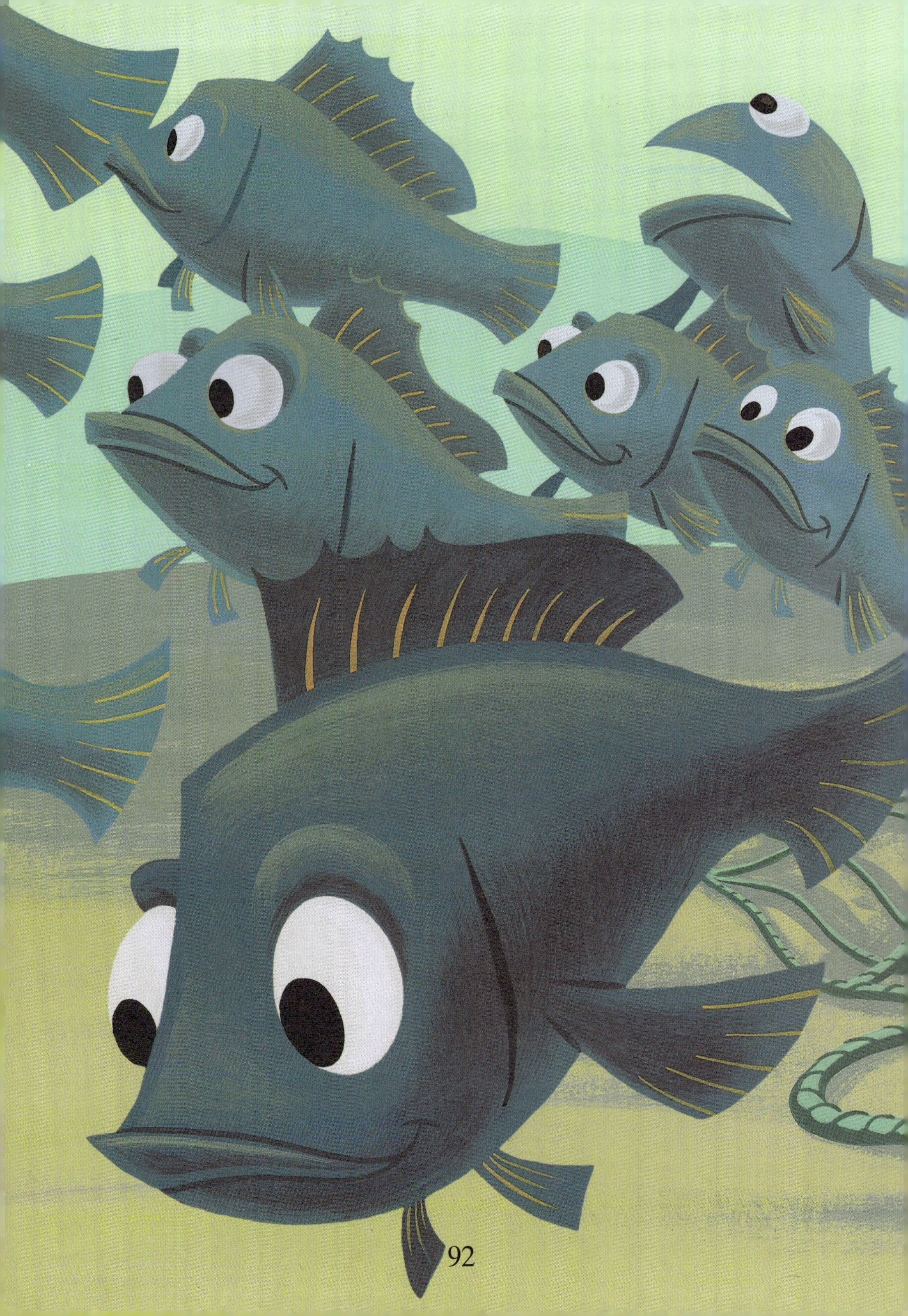

La manœuvre a fonctionné. Les mérous ont fait céder le câble qui remontait le filet vers la surface. Celui-ci est éventré au fond de l'océan, et les poissons, libres. Nemo a subi un choc, mais il reprend connaissance. « Papa, souffle-t-il, je regrette de t'avoir dit que je te détestais. Mais tu sais bien que ça n'est pas vrai ! »

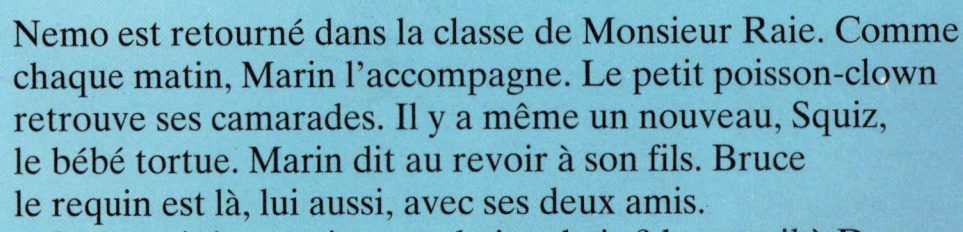

Nemo est retourné dans la classe de Monsieur Raie. Comme chaque matin, Marin l'accompagne. Le petit poisson-clown retrouve ses camarades. Il y a même un nouveau, Squiz, le bébé tortue. Marin dit au revoir à son fils. Bruce le requin est là, lui aussi, avec ses deux amis.

« On se voit la semaine prochaine, hein ? lance-t-il à Dory. Et surtout, pas d'inquiétude : "les poissons sont nos amis, on n'y touche plus !" »

La bande des Siphonnés du Bocal a fini, elle aussi, par s'évader quand l'Aquascum 2003 est tombé en panne ! Les voilà dans le port de Sydney, flottant au fil de l'eau dans des sacs en plastique. Dès qu'il y aura un peu de houle, le plastique devrait se déchirer. Et alors, à eux la liberté !

Imprimé en France - Produit complet Aubin.
N° d'éditeur 39812 - N° d'imprimeur P 66227 - Dépôt légal: Octobre 2003 - ISBN : 2-7441.6652.9
Loi n° 49-956 du 16 juillet 1949 sur les publications destinées à la jeunesse.